Doreen Virtue
Grant Virtue

Engel Worte

DOREEN VIRTUE
GRANT VIRTUE

ENGEL
WORTE

Wie Worte Engel
in Dein Leben bringen

Aus dem Amerikanischen
von Angelika Hansen

Allegria

Die Originalausgabe erschien 2010 unter dem Titel
ANGEL WORDS
im Verlag Hay House, Inc., Carlsbad, CA, USA

Alle Graphen dieses Buches wurden von Doreen und Grant Virtue persönlich autorisiert. Die deutsche Ausgabe von »Angel Words« enthält als einzige übersetzte Version auch exklusiv angefertigte deutsche Graphen.

Allegria ist ein Verlag der Ullstein Buchverlage GmbH
Herausgeber: Michael Görden

ISBN: 978-3-7934-2213-6

Übersetzung: Angelika Hansen
Umschlaggestaltung: FranklDesign, München
Titelabbildung: Hay House Inc.
Satz: Keller & Keller GbR
Gesetzt aus der Stone Serif
Druck und Bindearbeiten:
bookPlus International Ltd., Hong Kong
Printed in China

∽ INHALT ∽

FÜR GOTT,
DER DAS WORT
DER LIEBE IST.

8

EINFÜHRUNG

von Doreen Virtue

»Freundliche Worte sind wie Honig –
süß für die Seele und gesund für den Leib.«

Buch der Sprüche Salomons 16:24

Als mein Sohn Grant und ich einen Podcast über Erzengel aufnahmen, hielt er plötzlich inne, zeigte auf seinen Computerscreen und rief aus: »Schau mal! Als du das Wort *Engel* gesagt hast, hat das Diagramm Engelflügel gezeichnet!« Und tatsächlich, sein Computer-Programm zeigte unterschiedliche Darstellungen für jedes einzelne Wort, das ich benutzt hatte. Und bei dem Wort *Engel* sah die Form aus wie ein engelsgleiches Wesen, das vom Himmel herabschwebt.

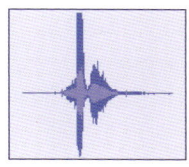

Grant und ich begannen mit anderen Worten zu experimentieren, um grafische Repräsentationen ihrer Bedeutung zu finden. Dabei entdeckten wir etwas Bemerkenswertes: Die Worte, die wir als positiv und liebevoll betrachten, waren auffällig »größer« als solche, die als negativ gelten.

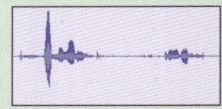

Diagramm der gesprochenen Worte Bewunderung *und* Eifersucht.

Diese deutliche visuelle Darstellung positiver und negativer Äußerungen verblüffte uns! Hier war ein sichtbarer Beweis für die hohen und niedrigen Vibrationen der Worte oder Sätze, die wir benutzen. Die positiven Worte hinterließen einen viel »größeren« Eindruck, wie ein strahlend helles Licht. Im Gegensatz dazu sahen die negativen Formen eng und zusammengezogen aus.

Das Wort *Bewunderung* weist Zeichen von hoher, strahlender Energie auf, während *Eifersucht* das Gegenteil zeigt. Das leuchtet ein, denn wenn Sie jemanden bewundern, affirmieren Sie, dass es Fülle in der Welt gibt. Sie sagen: »Wow! Ist es nicht wunderbar, dass dieser Mensch Erfolg, Gesundheit, Liebe und Glück erfährt? Wenn er oder sie das schaffen kann, dann kann ich es auch!« Fühlt sich das nicht expansiv und großzügig an?

Stellen Sie diesem Wort nun den Begriff *Eifersucht* gegenüber, ein Gefühl, das auf dem Glauben an Mangel und Begrenztheit basiert. Die Eifersucht sagt: »Hey! Wie kann es sein, dass dieser Mensch so viel Spaß und schöne Dinge haben kann? Wieso kann ich nicht auch das haben, was er hat?« Und: »Das ist nicht fair!« Können Sie die Angst fühlen, die der Eifersucht zugrunde liegt? Kein Wunder, dass sie nur als kleine Kurve erscheint.

Genau diese Botschaft wurde während einer meiner Auftritte in der *Oprah-Winfrey*-Show demonstriert. Mein Buch *Wenn aus Problemen Pfunde werden* war soeben erschienen, und Oprah, ihre Gäste (unter anderem ich) und das Publikum sprachen über die Psychologie des Ab- und Zunehmens. Das war in den frühen Neunzigern, als Oprah dank ihrer Zusammenarbeit mit einem persönlichen Trainer und Koch dramatisch an Gewicht verloren hatte.

Ihre Mitarbeiter hatten viele Zuschauerbriefe gesammelt und sie in zwei Kategorien unterteilt: 1) Briefe von Zuschauern, die Oprahs Gewichtsverlust bewunderten und sagten, sie fühlten sich inspiriert, selbst auf dieses Ziel hinzuarbeiten; und 2) von je-

nen, die Eifersucht über Oprahs Leistung zum Ausdruck brachten. Ein paar dieser unterschiedlichen Briefeschreiber waren zur Show nach Chicago eingeladen worden.

Was Oprah entdeckte, war bemerkenswert: Zuschauer, die ihren Gewichtsverlust bewunderten, hatten inzwischen alle durch Fitnesstraining und Ernährungsumstellung positive Resultate erzielt. Jene hingegen, die Eifersucht gezeigt hatten, berichteten, dass es ihnen nicht gelungen war, auch nur ein einziges Pfund abzunehmen! Offensichtlich hinderte diese negative Emotion die Betreffenden daran, Oprahs gesunde Gewohnheiten zu übernehmen. Ihre negative Denkweise erlaubte ihnen nicht, dem positiven Beispiel zu folgen.

In ähnlicher Weise schrieb mir eine Frau namens Sharon Gaertner, dass ihre schwelende Eifersucht ihren Nachbarn gegenüber sie davon abhielt, so zu leben, wie sie es sich sehnlichst wünschte. Sie sagte: »Meine Gedanken und Worte waren die Schaufel, mit der ich mich immer tiefer in die Dunkelheit grub.« Sharon war so von Eifersucht und Verachtung für andere verzehrt, die mehr hatten als sie, dass sie nicht merkte, wie ihr Mann sich immer mehr zurückzog und wie bedrückt ihre Kinder waren. Nichts schien mehr zu stimmen in ihrer Familie.

Eines Nachts hatte Sharon einen Traum, in dem sie unter einem Baum auf einer Parkbank saß. Ein Mann, der aussah wie ein Landstreicher, gab ihr ein Stück Papier, auf dem nur drei Worte standen: »Lass es los.« Sharon wachte auf und wusste, dass alles gut sein würde. Sie begann zu affirmieren: »Ich gebe Liebe und empfange Liebe«, und: »Ich bin offen dafür, Wohlstand aus bekannten und unbekannten Quellen zu empfangen.«

Sharon beschreibt ihr heutiges Leben als wundervoll. Sie und ihr Mann sind aufs Neue ineinander verliebt und haben das Gefühl, dass sie ihre Träume gemeinsam leben. Jeden Tag bieten sich ihnen wunderbare Gelegenheiten, und auch ihre Kinder sind jetzt wieder froh und glücklich. Warum? Sharon schreibt: »Der Grund ist, dass ich meine Denkweise geändert habe, inspiriert von diesen drei einfachen Worten: Lass es los. Heute ist mir klar, dass der Grund, warum mein Leben nicht richtig funktionierte, meine negativen, eifersüchtigen Glaubenssätze waren, dass ich keine ›hübschen Dinge‹ haben konnte, weil ich dachte, ich sei es nicht wert, solche Dinge zu besitzen. Heute lebe ich in einem fortwährenden Zustand der Liebe und Freude in dem Wissen, dass ich offen bin, all das zu empfangen, was in meinem Leben gut ist.«

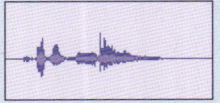 

Als Sharon eifersüchtig auf andere war, benutzte sie Worte und Sätze mit niedriger Energie, zum Beispiel: »Es ist nicht fair« (linke Grafik) und »Ich habe nie genug von irgendwas« (rechte Grafik). Was dazu führte, dass ihr jegliches Glück versagt blieb.

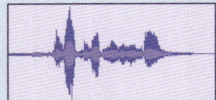 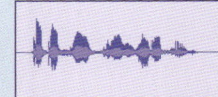 

Nachdem Sharon einen Traum hatte, in dem ihr gesagt wurde: »Lass es los« (linke Grafik), begann sie zu affirmieren: »Ich gebe Liebe und ich empfange Liebe« (mittlere Grafik) und »Ich bin offen dafür, Wohlstand aus bekannten und unbekannten Quellen zu empfangen« (rechte Grafik).

Wenn Sie jemanden sehen, der mehr zu haben scheint als Sie, können Sie entweder sagen: »Toll, das kann ich auch!« Oder: »Warum habe ich so etwas nicht?« Ich hoffe, dass Ihnen die Grafiken, Geschichten und Diskussionen in diesem Buch helfen werden, die erste Reaktion zu wählen und nicht die zweite.

ENGELWORTE

Positive Worte können Ihnen wie Schutzengel helfen, zu neuen Horizonten aufzusteigen. Schon der einfache Schritt, Ihr Vokabular zu ändern und sich einer lebensbejahenden Sprechweise zu bedienen, kann Ihr Leben schnell und dramatisch auf vielerlei magische Weise verändern!

Mir fiel seit jeher auf, wie unangenehm es mir war, wann immer ich selbst oder Menschen in meiner Umgebung negative Gespräche jedweder Art führten. Egal wie pikant und reizvoll das Tratschen ist, fühle ich doch jedes Mal, wie sich mein Magen unangenehm zusammenzieht, wenn über andere geredet wird. Das Gleiche gilt für angstvolle Spekulationen über die Zukunft der Umwelt oder der Menschheit.

Wenn ich mir die zusammengezogenen, negativen Wort-Grafiken anschaue, wundere ich mich nicht, warum mein Körper sich so angespannt anfühlt, wenn er von negativen Worten umgeben ist! Konversationen mit niedriger Vibration sind *physisch spürbar*! Außer dem angespannten Gefühl im Bauch fällt mir auf, dass meine Energie und Begeisterung sich erschöpfen. Nach einem negativen Gespräch bin ich müde, habe keine Kraft mehr zu lächeln. Ich erinnere mich an ein Sprichwort, das ich als Kind von einem weisen Menschen lernte: »Kleine Menschen reden über andere Menschen, durchschnittliche Menschen reden über materielle Dinge, und großartige Menschen reden über Ideen.« Der Spruch ist ziemlich unverblümt und trifft den Nagel auf den Kopf.

Selbst die einfachen Worte *negativ* und *positiv* zeigen ihre unterschiedlichen Vibrationen in grafischer Form:

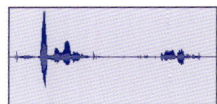

So sieht die Energie des Wortes negativ *aus.*

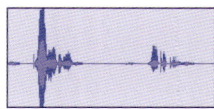

Zum Vergleich die höhere Energie des Wortes positiv.

In meinen Büchern und Seminaren spreche ich häufig darüber, wie positive Gedanken positive Erfahrungen in unser Leben bringen. Die meisten Menschen verstehen dieses Konzept; es in die Praxis umzusetzen, ist jedoch etwas anderes und stellt einen wichtigen Teil des persönlichen Wachstumsprozesses dar. Zu einem positiven Leben gehört, die entsprechenden Worte zu wählen – eine Lektion, die ich vor vielen Jahren aus erster Hand gelernt habe.

Als vielbeschäftigte Mutter zweier kleiner Söhne hatte ich selten Zeit, über meine eigenen Bedürfnisse oder Gefühle nachzudenken. In erster Linie war ich darauf fokussiert, meinen Mann bei Laune zu halten und die

Bedürfnisse meiner Kinder zu erfüllen. Wie viele junge Familien hatten auch wir zuweilen finanzielle Probleme, und an manchen Tagen wusste ich nicht, wie wir unsere Stromrechnung oder Lebensmittel bezahlen sollten. Was dazu führte, dass ich von Stress und Angst überwältigt war.

Irgendwann gab mir jemand ein Buch von Norman Vincent Peale mit dem Titel *Positive Imaging*, über die Macht des positiven Denkens. Peale erklärte, dass unsere Affirmationen von Dankbarkeit durchdrungen sein müssen, so als wären unsere Wünsche bereits wahr geworden. Also stellte ich mein eigenes Affirmations-Tape zusammen, angefüllt mit meinen Wünschen, wie zum Beispiel: »Ich bin eine Bestseller-Autorin«, »Ich bin voller Selbstvertrauen«, »Ich habe einen gesunden Körper und bin physisch fit«, »Ich habe wundervolle Freunde« und so weiter.

Obgleich sich diese Aussagen zunächst unwahr anfühlten, hörte ich sie mir getreulich dreimal täglich an, sogar beim Staubsaugen mit Kopfhörern. Und irgendwann waren mir diese Affirmationen zur zweiten Natur geworden!

Ich erinnere mich noch genau an den Tag, wo die positiven Worte plötzlich »klickten«: Ich stand im Supermarkt in einer langen Schlange vor der Theke und wartete geduldig darauf, Lebensmittel für meine Familie zu kaufen. Da wollte sich ein Mann vor mich drängen. Früher hätte ich geschwiegen, nichts getan und dem Mann wahrscheinlich übel genommen, dass er mich einfach von meinem Platz in der Schlange verdrängt hatte. Doch das Affirmations-Tape hatte etwas tief in meinem

Inneren verändert, und ich sagte einfach: »Entschuldigen Sie, aber ich war die Nächste.«

Der Mann drehte sich um und sah mich an, als sähe er mich zum ersten Mal. Er entschuldigte sich, und ich nahm meinen Platz wieder ein – für mich persönlich ein gewaltiger Sieg, weil ich mich behauptet hatte, etwas, das ich nie zuvor gewagt hatte. Die Worte auf dem Tape halfen mir, mich selbst und meine Zeit zu würdigen und zu schätzen.

Von da an ging es Schlag auf Schlag mit den Wundern. Alles, was ich affirmiert hatte, wurde wahr, oft auf beinah unglaubliche Art. Natürlich musste ich etwas dafür tun, indem ich die Bücher schrieb, die schließlich zu Bestsellern wurden; und indem ich täglich trainierte und mich gesund ernährte, was mir zu einem fitten Körper verhalf. Doch gebührt den positiven Worten auf dem Tape die Ehre, da sie es waren, die mir das Selbstvertrauen und den Mut gaben, die nötigen Schritte zu tun!

In diesem Buch benutzen Grant und ich die Maxime »Ein positives Bild ist mehr wert als tausend Worte«, um die Energie von Worten zu illustrieren. Grant hat die Wort-Grafiken aufgezeichnet, und ich habe den Text dazu geschrieben.

Die Arbeit an diesem Buch hat Grant und mir deutlich den Unterschied zwischen positiven und negativen Worten klargemacht. Natürlich wissen wir, dass es Situationen gibt, in denen manche Worte für den einen Menschen positiv und für den anderen negativ sind. Das ist ein Thema, mit dem wir uns im Laufe dieses Buches noch näher befassen werden.

Um die Möglichkeit auszuschließen, dass Grants subjektive Gefühle über jedes Wort die Grafik beeinflussten, wählte er zwei, die universal als positiv (*Liebe*) und negativ (*Hass*) akzeptiert sind, und zeichnete jedes auf, während er mit Absicht die gleiche Reihe von vier sukzessiven Emotionen benutzte: *Gleichgültigkeit, Wut, Interesse* und *überschwängliche Freude.*

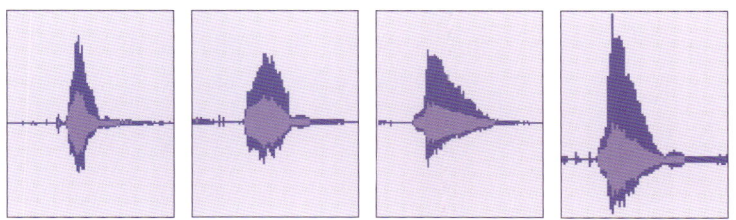

Das Wort Liebe, *mit vier unterschiedlichen Emotionen gesprochen:*
Gleichgültigkeit, Wut, Interesse *und* überschwängliche Freude.

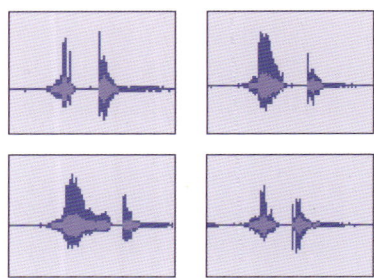

Obwohl das Wort Hass *von derselben Person mit den gleichen Emotionen ausgesprochen wurde, resultiert es dennoch in einer viel »kleineren« Kurve. Daran sieht man, dass Worte eine innewohnende positive oder negative Essenz besitzen, unabhängig von unseren subjektiven Gefühlen darüber.*

Wie Sie sehen können, fluktuiert zwar die Größe der Worte als Folge von Grants verschiedenen Emotionen, dennoch ist *Liebe* insgesamt auffallend »größer« als *Hass*, erfüllt von einer essentiell positiven Energie, während das gegenteilige Wort von einer Essenz der Negativität durchdrungen ist.

Manche Worte – wie Sie in Kapitel 7 sehen werden – können entweder negativ oder positiv sein, entsprechend dem Kontext, in dem sie benutzt werden. Wörter wie beispielsweise *Müll, plagend* und *fett* können benutzt werden, um etwas Angenehmes oder Unangenehmes zu beschreiben. Interessanterweise zeigt das Wort *Drogen* (im medizinischen Sinne) eine

hochenergetische Grafik (positiv), doch Sucht eine mit auffallend niedriger Energie (negativ).

Wenn ich mir die Grafiken anschaue, sehe ich deutlich, wie das Aussprechen jedes Wortes Linien von Energie in die Welt hinaussendet. Wenn ein positives Wort wie *Liebe* gesagt wird, strahlt es ein Bündel leuchtender Energie aus, während ein negativer Ausdruck wie *Hass* aussieht wie der geizige Ebenezer Scrooge und nichts zur Welt beiträgt, was irgendeinen Wert besäße.

Die erste Frage, die mir während meiner Seminare, Radio-Shows und in den Briefen meiner Leser oft gestellt wird, lautet: »Was ist meine Lebensaufgabe?« Ich kann aus voller Überzeugung sagen, dass die Grafiken in diesem Buch die Antwort auf diese Frage bereithalten: »*Ihre Aufgabe ist es, die wundervollen positiven Worte zu sprechen, zu denken und zu schreiben, die Ihnen in so großer Fülle zur Verfügung stehen.*«

Als Autorin habe ich seit jeher gewusst, dass es eine positive und eine negative Art gibt, eine Botschaft zum Ausdruck zu bringen. Zum Beispiel:

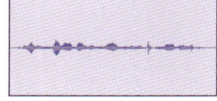

Diagramm des Satzes: »Sie sollten keine negativen Worte benutzen…«

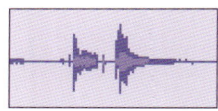

*Diagramm von »Positive Worte zu sagen kann Ihnen helfen,
sich glücklich zu fühlen«.*

Obgleich beide Sätze in den obigen Darstellungen dieselbe Bedeutung vermitteln, sind ihre Energien total verschieden. Wenn Sie die beiden Sätze lesen, was empfinden Sie dabei? Haben Sie irgendeine Muskelanspannung oder -entspannung als Reaktion auf diese Sätze bemerkt? Welcher Satz fühlt sich für Sie besser an?

Bevor ich meinem Lektor bei Hay House ein neues Manuskript übersende, scanne ich es nach Sätzen ab, die auf eine positivere Art neu geschrieben werden können. Wenn ich die entsprechende Änderung vornehme, kann ich dabei jedes Mal fühlen, wie der Energielevel des gesamten Manuskripts angehoben wird. Wenn das Buch aus Sätzen und Aussagen besteht, die auf affirmative Weise geschrieben wurden, schwebt seine Energie praktisch über den Wolken!

Es ist wie bei dem alten Sprichwort über Menschen, die dasselbe Glas Wasser entweder als halb voll oder halb leer sehen. Sicher, sie sagen dasselbe, aber wer hat wohl den größeren Spaß?

  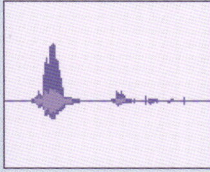

Grafiken der Aussage »halb voll« (links) und »halb leer« (rechts).

WERTUNGEN VS. URTEILSVERMÖGEN

Wenn ich sage, dass ein Wort negativ ist, impliziere ich damit nicht, dass es »schlecht« oder »falsch« ist. Das wäre eine Wertung – die Art, wie das Ego alles kennzeichnet und einordnet. Vielmehr ist der Begriff *negativ* ein Synonym für *niedrig vibrierend*.

Während das Ego auf Bewertung angewiesen ist, die im Kopf stattfindet, um zu entscheiden, ob etwas gut oder schlecht ist, benutzt das höhere Selbst *Urteilsvermögen*, eine gefühlsbasierte Art, von etwas entweder angezogen oder abgestoßen zu sein. Das Ego benutzt Kennzeichnungen. Das höhere Selbst basiert auf Gefühlen und dem Gesetz der Anziehung.

Das Ego zum Beispiel würde sagen, dass Zigarettenrauchen schlecht ist. Das höhere Selbst hingegen würde sagen, dass es sich nicht zum Rauchen hingezogen fühlt. Was fühlt sich besser an, das Werten des Ego oder das Unterscheidungsvermögen des höheren Selbst?

Wie Grant gesagt hat: »Der Zweck dieses Buches besteht nicht darin, irgendeine Art verbaler Tyrannei zu kreieren, bei der Sie genau darauf achten müssen, was Sie sagen. Wir möchten einfach nur zeigen, in der direktmöglichsten Form, dass sich das, was Sie sagen – und wie Sie es sagen – auf Sie und Ihre Umgebung auswirken kann und auswirkt. Die Vibrationen Ihrer Stimme gehen hinaus in die Welt und sind potentiell in der Lage, alles zu verändern, womit sie in Kontakt kommen.

Wenn Sie erst einmal diese wichtige Information besitzen, liegt es an Ihnen, Ihre Worte so zu wählen, wie es Ihnen am besten zusagt. Ich persönlich habe aus dieser Untersuchung gelernt, dass das, was ich sage, sich direkt auf das Resultat jedes Themas, an dem ich gegenwärtig arbeite, auswirken kann. Was mich betrifft, so werde ich von nun an mit Sicherheit darauf achten, dass meine Wortwahl in Zukunft viel positiver ist.«

Höchstwahrscheinlich können Sie seit jeher die Wirkung fühlen, die Worte auf Sie ausüben. Die Muskeln in Ihrem Körper spannen sich an, wenn Sie negative Worte lesen, denken, schreiben, sagen oder hören – wie man ihren engen, kleinen Kurven deutlich entnehmen kann. Im Kontrast dazu helfen positive Worte Ihren Muskeln, sich zu entspannen, und sorgen dafür, dass sich Ihr Geist und Ihr Herz liebevollen Energien öffnen.

Außer mit diesen subjektiven Auswirkungen beschäftigt sich die Wissenschaft auch mit dem Einfluss, den Worte auf Gesundheit und geistige Funktion haben, wie Sie lesen werden, wenn Sie diese Seite umblättern.

KAPITEL 1

DAS STUDIUM
DER WORTE

»Für reizvolle Lippen sprich Worte der Freundlichkeit.
Für schöne Augen sieh das Gute in den Menschen …
Für Gelassenheit gehe deinen Weg in dem Wissen,
dass du nie alleine gehen wirst.«

SAM LEVENSON (wie von Audrey Hepburn zitiert)

Worte setzen sich aus Lauten zusammen, die schon vor langer Zeit hinsichtlich ihres Einflusses auf Objekte in der materiellen Welt einschließlich des menschlichen Körpers untersucht wurden. Pythagoras, der griechische Philosoph aus dem 6. Jahrhundert vor Christus, spielte bestimmte Noten auf Streichinstrumenten, um physische und emotionale Erkrankungen zu heilen. Seit jener Zeit haben Tausende von wissenschaftlichen Studien den engen Zusammenhang von Musik und Gesundheit bestätigt.

Zum Beispiel rieselte im 18. Jahrhundert der deutsche Physiker und Musiker Ernst Chladni Sand auf eine Metallplatte. Dann experimentierte er mit den so entstandenen Formen, indem er beim Spielen seinen Geigenbogen über die Metallplatten bewegte.

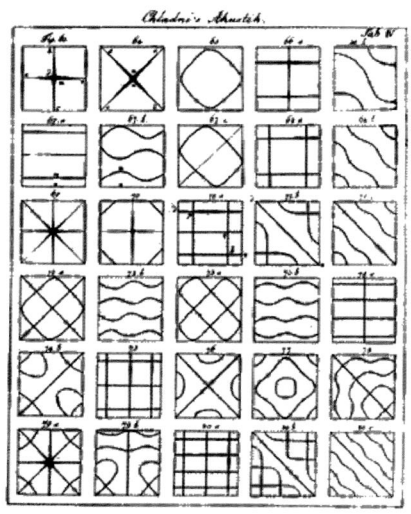

Chladnis Sandplatten zeigen verschiedene Formen,
von unterschiedlichen Klängen hervorgerufen.

Chladnis Klang-Experimente sind von anderen Wissenschaftlern wiederholt und durch die Verwendung verschiedener Pulver und Flüssigkeiten mit gleichermaßen Aufsehen erregenden Resultaten weitergeführt worden. Erst vor Kurzem hat Masaru Emotos Arbeit gezeigt, wie Wassermoleküle sich als Reaktion auf die Energie positiver und negativer geschriebener Worte, die daneben platziert wurden, verändern.

Auch Untersuchungen im Bereich Medizin und Verhaltensforschung zeigen den Einfluss von Worten. Ein amerikanischer Anthropologe namens W. Penn Handwerker untersuchte die Kindheitsgeschichten von 355 Frauen. Handwerker fand heraus, dass jene Frauen, die als Kinder Anklagen ausgesetzt waren, die mit »Du« (wie zum Beispiel »Du bist dumm!«) begannen, als Erwachsene eher zu Depressionen neigten. Außerdem stellte er die Wechselbeziehung zwischen Depression und der Entwicklung von ernsthaften Erkrankungen und Suchtverhalten fest. Handwerker sagt, dass sich die Entwicklung des Gehirns bei Kindern, die verbaler Gewalt ausgesetzt sind, verändert. Es ist offensichtlich: Negative Worte können verletzen.

Eine andere faszinierende Studie hat gezeigt, dass allein das *Lesen* von negativen Worten das Schmerzzentrum im Gehirn triggern kann. Dr. Thomas Weiss, Psychologie-Professor an der Friedrich-Schiller-Universität in Jena, kam zu dem Schluss: »Worte allein sind in der Lage, unsere Schmerz-Matrix zu aktivieren.«

Dr. Weiss benutzte magnetische Resonanz-Tomografie, um die Gehirne von Testpersonen zu scannen, während sie Worte lasen, die mit Schmerz zu tun hatten, wie *schikanierend*, *zermürbend* und *plagend*. Die Schmerzzentren im Gehirn wurden sogar dann aktiviert, wenn die Testpersonen beim Lesen abgelenkt wurden. Interessanterweise wurden die Schmerzzentren der Testpersonen beim Lesen von negativen Worten, die nichts mit Schmerz zu tun haben – wie zum Beispiel *entsetzlich*, *furchtbar* und *ekelhaft* –, *nicht* aktiviert.

  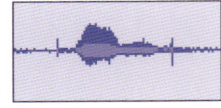

Worte, die das Schmerzzentrum des Gehirns aktivieren, erscheinen auf der Grafik sehr eng, klein und zusammengezogen.

Hochsensitive Personen können die Energie von Zeitungen und Nachrichtenmagazinen fühlen, die schmerz- und angstbezogene Worte beinhalten. Manche fühlen sich bereits unwohl, wenn sie nur in der Nähe dieser Art von Zeitschriften sind, und vermeiden es generell, Nachrichten zu lesen oder anzuhören.

Menschen, die im Gesundheitswesen tätig sind, wissen schon lange um den Einfluss, den Worte auf Menschen ausüben. Eine kürzlich in China durchgeführte Studie bestätigte das Bedürfnis der Patienten, nach einer Operation nur positive Worte zu hören (oder gar keine Worte). Mehr als 600 Hysterektomie-Patientinnen wurden in vier Gruppen unterteilt, entsprechend den Worten, die von den Krankenschwestern benutzt wurden, die ihnen eine postoperative Morphiumspritze gaben: negative Worte, hauptsächlich negative Worte, keine Worte oder positive Worte.

Die Patientinnen, die von ihren Krankenschwestern nur negative Worte hörten, brauchten besonders viel Morphium zur Schmerzbekämpfung und zeigten im Vergleich zu den übrigen Gruppen noch weitere Hinweise auf verstärkte Schmerzen. Auch den Patientinnen, die hauptsächlich negative Worte

hörten, ging es wesentlich schlechter als jenen, die keine oder nur positive Worte hörten. Die Auswirkungen waren besonders auffallend unmittelbar nach der Operation und schienen nachzulassen, als die Patienten sich erholten und an Kraft gewannen.

Diese Untersuchung zeigt, dass Worte sich bei Menschen, die aufgrund ihrer Gesundheit oder Energie geschwächt und daher besonders verletzbar sind, besonders dramatisch auswirken.

Es wurde übereinstimmend festgestellt, dass sich die Worte, die Ärzte und Schwestern während einer Operation sagen, auf die Gesundheit des Patienten auswirken können. Diese Behauptung beruht auf diversen Studien, die zeigen, dass Patienten sich an Worte erinnern können, die man ihnen im Verlauf ihrer Operation gesagt hat. Zum Beispiel haben Forscher in einem Krankenhaus in Sheffield, England, 65 Patienten, bei denen unter Vollnarkose Eingriffe vorgenommen wurden, Worte vorgelesen. Die Patienten erinnerten sich zu einem erstaunlichen Grad an diese Worte, was anzeigt, dass das Gehirn unter Vollnarkose für Sprache empfänglich ist und darauf reagiert. Diese Studie war die Wiederholung einer früheren Untersuchung, die ähnliche Resultate erbracht hatte.

Und sollte das nicht reichen: Auch eine ganz neue Studie zeigt, dass unsere Gehirne negative Worte *schneller* registrieren als positive. Offenbar handelt es sich dabei um einen Überlebensmechanismus, der uns hilft, Gefahr zu spüren und ihr aus dem Weg zu gehen. In dieser Studie zeigten Forscher vom University College in London Testpersonen für den Bruchteil einer Sekunde negative, positive und neutrale Worte. Die Testpersonen waren ausnahmslos in der Lage, die negativen Worte viel schneller zu identifizieren als die positiven oder neutralen Worte.

Zu den positiven Worten gehörten *fröhlich*, *Frieden* und *Blume*:

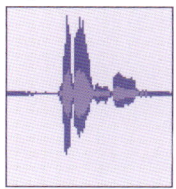 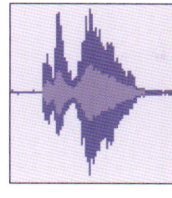 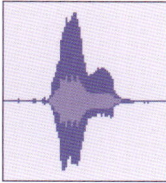

Zu den negativen Worten gehörten *Mörder*, *Verzweiflung* und *Agonie*:

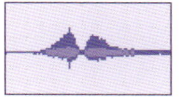 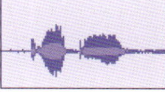 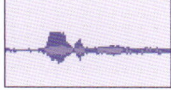

Zu den neutralen Worten gehörten *Box*, *Wasserkocher* und *Ohr:*

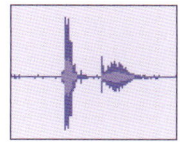 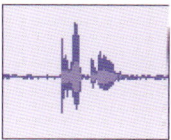 

Wie Sie sehen können, haben die negativen Worte die kleinsten und engsten Kurven. Man könnte sie mit spitzen Pfeilen vergleichen, die uns schneller treffen als die großen, sich »langsamer bewegenden« Worte.

DIE SUBJEKTIVITÄT DER WORTE

Bei unserer Untersuchung fanden wir heraus, dass Worte, die universal als negativ bezeichnet werden, die kleinsten und am meisten zusammengezogenen Muster aufwiesen. Subjektive Worte – von manchen Menschen als negativ, von anderen als neutral empfunden – waren kleiner als jene, die universal als positiv bezeichnet werden, jedoch nicht ganz so klein wie die allgemein als negativ bekannten Worte.

Zum Beispiel kann das Wort *Drogen* für manche Menschen, die diese Substanzen als hilfreiche Mittel für ihre Gesundheit oder zur Steigerung ihres Wohlgefühls betrachten, positive Assoziationen haben.

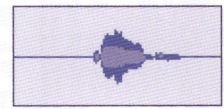

Das Wort *Drogen* erscheint kleiner als das durchweg positive Wort *Liebe*. Achten Sie darauf, wie hoch die Kurve für das Wort *Liebe* ist und wie groß die Energie, die es ausstrahlt.

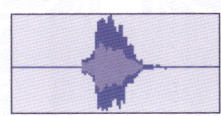

Das Wort *Sucht* impliziert das Wort Drogen, setzt es jedoch auf eine eindeutig negative Stufe. Diese Negativität findet ihren Ausdruck in der engen, zusammengezogenen Kurve:

Sowohl unser Geschlecht als auch unsere Persönlichkeit üben einen großen Einfluss darauf aus, ob wir ein Wort als negativ, neutral oder positiv empfinden. Zum Beispiel haben diverse Untersuchungen gezeigt, dass Frauen mit Essstörungen emotional von Worten getriggert werden, die mit einem negativen Körper-Image assoziiert sind. Forscher haben die Gehirnmuster von entsprechenden Frauen gescannt, die dabei unangenehme Begriffe und Sätze hörten wie *Fettsucht, Korpulenz, drall, dick, fett, zunehmen, schwer, mollig, untersetzt* und *stämmig*. Diese Worte führten zu messbaren Auswirkungen auf den Teil des Gehirns, der für die Regulierung der Emotionen zuständig ist.

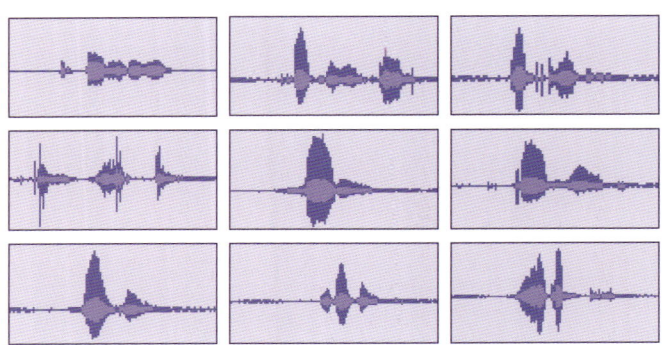

Untersuchungen zeigen, dass Worte, die mit einem negativen Körper-Image assoziiert werden, bei Frauen mit Essstörungen das emotionale Zentrum des Gehirns aktivieren.

In einer Folgestudie mit Männern machten sich die Worte jedoch nur in ihrer kognitiven (denkenden) Gehirnregion bemerkbar, nicht in ihren Emotionen.

Manche Menschen reagieren stärker auf negative Worte als andere. Zum Beispiel weisen Personen mit Anzeichen von »Borderline-Persönlichkeitsstörung« (große Angst vor Verlassenwerden, Impulsivität, chronische Beziehungsprobleme und so weiter) einen intensiveren Schreckreflex auf, wenn sie mit unangenehmen Worten konfrontiert werden, als Menschen ohne diese Persönlichkeitsstörung.

In einer Studie hörten Personen mit und ohne Borderline-Störung ein lautes Geräusch, während sie negative Worte (wie *Hass*, *einsam* und *verlassen*) und neutrale Worte (zum Beispiel *eigentlich*, *sammeln* und *regelmäßig*) lasen. Jene mit Borderline-Persönlichkeit reagierten wesentlich stärker auf die erschreckenden Geräusche beim Lesen negativer Worte im Vergleich zum Lesen neutraler Worte. Testpersonen ohne Borderline-Persönlichkeit reagierten auf diese Geräusche beide Male gleich.

Was der eine als negatives Wort empfindet, kann für einen anderen positiv sein, je nach individueller Persönlichkeit und Erfahrung. Zum Beispiel habe ich im Laufe der vielen Jahre, in denen ich Seminare leite, festgestellt, wie der Name Jesus einigen Seminarteilnehmern ein Lächeln aufs Gesicht zaubert, während er bei anderen eine Verspannung hervorruft. Für einige Menschen stellt Jesus die Erfahrung reiner Liebe dar. Für andere ist er mit Angst, Schuldgefühlen, negativen religiösen Erfahrungen oder Gebeten assoziiert, die scheinbar nicht erhört wurden. Derselbe Name, unterschiedliche Reaktionen.

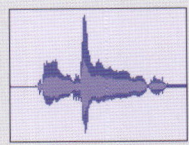

Der Name Jesus resultiert in einer hohen Energiekurve, wenn auch Reaktionen auf seinen Namen entsprechend subjektiver Erfahrung mit Religion variieren können.

Die wissenschaftlichen Untersuchungen zum Thema »Worte und ihre Wirkung« sind spannend und erhellend. Sie können Ihre eigenen Experimente durchführen, indem Sie verschiedene Worte sagen und auf die Reaktionen Ihres Körpers achten. So, wie Sie nichts essen würden, was Ihnen schon einmal Magenbeschwerden verursacht hat, kann Ihnen das Wissen darum, welche Wirkung unterschiedliche Worte auf Sie ausüben, helfen, ihre Worte klug und bewusst zu wählen.

Im nächsten Kapitel werden wir uns näher anschauen, wie positive Worte und Aussagen unser Leben auf wunderbare Weise verändern können.

KAPITEL 2

ENGELWORTE ZUR FÖRDERUNG IHRER KARRIERE UND FINANZEN

»Mögest du an kalten Abenden warme Worte haben.«

IRISCHER SEGENSSPRUCH

In diesem Kapitel werden Sie einige Personen kennenlernen, die im Bereich ihrer Karriere und Finanzen wunderbar positive Erlebnisse hatten, einfach indem sie ihr alltägliches Vokabular um ein paar positive Worte ergänzten. Ihre Geschichten zeigen, dass positive Worte wie Schutzengel sind, die uns auf eine höhere Ebene der Kommunikation und des Miteinanders führen.

Positive Worte für Karriere und Finanzen

Durch meine Website, Radio-Show und Seminare erhalte ich ständig viele Bitten um Hilfe. Dabei werde ich häufig um himmlisch basierte Antworten gebeten, um dem Betreffenden zu helfen, schwierige finanzielle und berufliche Situationen zu einem guten Ende zu bringen. Ich habe immer wieder festgestellt, dass Menschen aufgrund ihrer Sorgen und Ängste negative Worte benutzen, um ihre gegenwärtige Situation zu beschreiben. Oft sind sie sich gar nicht bewusst, dass sie negative Affirmationen anwenden (wie zum Beispiel »Ich bin pleite«) oder dass diese Aussagen dafür sorgen, dass ihre schwierige Situation fortbesteht.

Eine Frau mit Namen Carol Purchase war fünf Jahre lang Besitzerin eines metaphysischen Ladens in Nova Scotia. In der Vergangenheit hatte sie auf die Frage, wie das Geschäft läuft, stets geantwortet: »Reich werde ich damit zwar nicht, doch der Laden sorgt dafür, dass ich meine Rechnungen bezahlen kann.« Carolyn sagte diesen Satz unzählige Male, bevor ihr seine Wirkung bewusst wurde.

Eines Tages erwähnte sie einer Freundin gegenüber, dass der Laden eigentlich eine Goldgrube sein müsste, da er der einzige in der ganzen Gegend war, der einen ausgezeichneten Ruf und einen großen Kundenstamm besaß. Die beiden Frauen fragten sich, wie es sein konnte, dass das Geschäft nicht besser lief. Wie war es möglich, dass es nur gerade so viel einbrachte, dass Carolyn neue Waren einkaufen und ihre Rechnungen bezahlen konnte?

Carolyn bekam ihre Antwort, als ein Kunde wissen wollte, wie das Geschäft läuft. Gerade als sie ihre Standard-Antwort geben wollte: »Reich werde ich damit zwar nicht …«, hatte sie eine Epiphanie und sagte stattdessen: »Fantastisch! Dieser Laden ist eine echte Goldgrube!« Das äußerte sie in einem solchen Brustton der Überzeugung, dass sie sich selbst jedes Wort glaubte.

Das war vor einem Jahr – und wann immer heute jemand fragt: »Wie läuft das Geschäft?«, sagt Carolyn weiterhin, dass es wunderbar läuft und eine wahre Goldgrube ist. Im vergangenen Jahr sind ihre Umsätze um 40 % gestiegen … und sie steigen immer noch! Dabei ist das Einzige, was sich geändert hat, Carolyns Vokabular – von limitierenden Worten zu solchen mit einer positiven Energie-Vibration. Ihre *Worte* waren es, die den Laden zu einer Goldgrube gemacht haben!

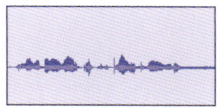

In der Vergangenheit hat Carolyn auf die Frage, wie ihr Geschäft läuft, stets geantwortet: »Reich werde ich damit zwar nicht, doch es sorgt dafür, dass ich meine Rechnungen bezahlen kann.« Sie können deutlich sehen, wie schwach die Energie dieser Aussage ist.

Heute antwortet Carolyn auf die Frage, wie ihr Geschäft läuft, mit den Worten:
»Fantastisch! Dieser Laden ist eine wahre Goldgrube!«
Und als Resultat sind ihre Umsätze um 40 % gestiegen.

Die Worte, die wir benutzen, haben einen direkten Einfluss auf unsere Finanzen, wie Carolyns Geschichte deutlich macht. Eine andere Frau namens Livia Maris Jepsen erlebte eine ähnliche Transformation. Vor ein paar Jahren fragte Livia sich, warum ihre Gebete nur mit »gerade mal genug« beantwortet wurden und sie nie mehr Geld ins Haus brachte. Wenn sie zum Beispiel Geld brauchte, um etwas zu bezahlen, erhielt sie exakt die benötigte Summe und nicht einen Cent mehr. Oder wenn sie ein bisschen länger brauchte, um eine Sache zu Ende zu bringen, bekam sie gerade mal genug Zeit, um in letzter Minute damit fertig zu werden … und so weiter.

Eines Tages wurde Livia von der Mutter einer wohlhabenden Freundin zum Essen eingeladen. Nach einem köstlichen Mahl fragte die Mutter ihre Tochter: »Hast du genug gegessen?« – woraufhin die Freundin antwortete: »Oh ja, Mama, ich habe mehr als genug!« Das war genau das, was Livia hören musste! Sie erkannte, dass sie immer nur »gerade mal genug« affirmierte und darum bat.

Livia sagt: »*Wenn Sie die Engel um ›gerade mal genug‹ bitten, ist das genau das, was Sie bekommen. Versuchen Sie, um ›reiche Fülle‹ zu bitten und Fülle zu affirmieren, und Sie werden jedes Mal etwas viel Besseres erhalten, als Sie erwarten.*« Seit sie ihr Vokabular geändert hat, geht es Livia finanziell viel besser.

Als Livia darum bat, »gerade mal genug« zu empfangen, verdiente sie kaum genug, um ihre Rechnungen zu bezahlen.

Als Livia anfing, um »Fülle« in allem zu bitten, katapultierte die Energie ihrer Worte ihr Leben auf eine neue, höhere Ebene.

Wenn die Bitte um viel Geld unangenehme Gefühle in Ihnen hervorruft, machen Sie sich klar, dass Sie mit diesen zusätzlichen Mitteln wohltätige Zwecke unterstützen, Ihren Angehörigen helfen und Ihre göttliche Lebensaufgabe finanzieren können. Ihr verstärkter Cashflow erlaubt Ihnen, noch mehr und großzügiger zu geben, als es Ihnen bis jetzt möglich war!

Diana Mey ist eine weitere Frau, welche die Macht der Worte selbst erfahren hat und weiß, wie wohltuend sie sich auf die eigene finanzielle Situation auswirken kann. Die meiste Zeit ihres Lebens sagte sie: »Ich habe nicht genug Geld für …« dies oder das. Dianas ständige negative Affirmationen sorgten dafür, dass sie nie in der Lage war, sich irgendetwas zu leisten, was sie gerne gehabt hätte.

Eines Tages fiel Diana auf, dass sie wiederholt die Zahlenfolge 818 sah – auf Uhren, Nummernschildern, bei Telefonnummern und auf Quittungen. Die Lösung fand sie schließlich in meinem Buch *Engel Notruf*, in dem die Bedeutungen sich wiederholender Zahlenfolgen aufgelistet werden. Aus meinem Buch erfuhr sie, dass hinter 818 eine himmlische Botschaft steht, die zu einer positiven Einstellung zum Geld auffordert und Personen, die diese Zahlenfolge sehen, folgende Affirmation empfiehlt: »Ich erfreue mich jetzt finanzieller Sicherheit und habe genug überschüssiges Geld, um es mit anderen zu teilen.«

Diana begann, diese Affirmation jeden Tag zu wiederholen. Heute geht es ihr finanziell wunderbar, und sie hat genug, um sich alles leisten und anderen aushelfen zu können. Sie sagt dazu: »Was Geld betrifft, sehe ich die Welt heute mit völlig anderen Augen.«

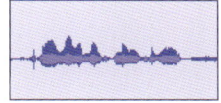

Früher sagte Diana ständig: »Ich habe nicht genug Geld dafür«,
und kreierte so genau diese Situation für sich selbst.

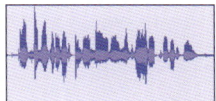

Hier ist Dianas neue Affirmation:
»Ich bin finanziell gut gestellt und habe überschüssiges Geld,
um es auszugeben und mit anderen zu teilen« – was schnell genau so eintraf.

Als ich vor Jahren eine monatliche Kolumne für das Fachmagazin der Buchladenbesitzer schrieb, erhielt ich viele Briefe von Menschen, die sich in schlimmen finanziellen Situationen befanden. Stets berichteten sie mir, dass die Stadt, in der sie ihren Laden hatten, kein guter Ort für ein Geschäft war. Also riet ich ihnen, positive Worte zu benutzen, um die ökonomische Situation in ihrer Gemeinde oder Stadt (und der Welt im Allgemeinen) zu beschreiben. Wenn Sie sagen, dass die wirtschaftliche Lage schlecht ist, was glauben Sie, welche Wirkung dies auf die Ökonomie hat?

Eine Frau namens Lorraine Mills entdeckte, dass sich ihre negativen Affirmationen bezüglich der Stadt, in der sie lebte, negativ auf ihr Geschäft auswirkten. Als Lorraine von England nach Japan zog, sagte sie immer wieder, dass es an ihrem neuen Standort nicht genug Kunden gab, um ihre holistische Praxis am Laufen zu halten. Und wie es nicht anders sein konnte, ging es mit Lorraines Geschäft – mit dem sie in England sehr erfolgreich gewesen war – immer weiter bergab. Nach mehreren Jahren finanzieller Schwierigkeiten spielte Lorraine mit dem Gedanken, nach England zurückzukehren.

Sie erstellte einen Geschäftsplan und visualisierte, dass sie nach ihrer Rückkehr in England eine gut gehende Therapie-Praxis haben würde. Interessanterweise war das genau der Moment, wo ihr Geschäft in Japan endlich abhob! Lorraine stellte fest, dass ihre negativen Affirmationen bezüglich der lokalen Ökonomie die Kunden vergrault hatten. Sie sagte mir: »Ich hatte affirmiert, dass es keine

Kunden für meine Therapie-Praxis in Japan gab – und genau das trat ein!« Als sie Erfolg visualisierte, war es, als würde am Eingang zu ihrer Praxis ein roter Teppich ausgerollt werden.

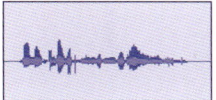 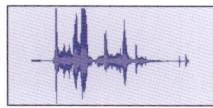

Als Lorraine klagte: »In dieser Gegend gibt es keine Kunden«, und: »Hier gibt es einfach keinen Kundenstamm«, kreierten ihre negativen Worte genau das, wovor sie sich am meisten fürchtete.

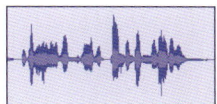

Lorraines neue, positive Affirmation, »Es ist leicht, in dieser Stadt einen kontinuierlichen Fluss der Fülle zu haben«, sorgte dafür, dass ihre Praxis erfolgreich ist, wo immer sie sich gerade befindet.

Manchmal kann es passieren, dass eine schmerzhafte Situation uns die Rolle bewusst macht, die unsere Wortwahl beinhaltet, wie eine Frau namens Caryn Connolly entdeckte. Nachdem sie ihren Job als Ingenieurin verloren hatte, fing sie an, jedem zu erzählen: »Ich bin arbeitslos.« Caryn suchte verzweifelt nach einem neuen Job, aber ohne Erfolg. Irgendwann wurde ihr bewusst, dass sie die Situation selbst kreierte, indem sie ständig sagte, dass sie arbeitslos war. Also hörte sie auf, dieses Wort zu benutzen, und kurz darauf wurde ihr eine Ingenieursstelle angeboten, die überaus gut bezahlt war. Caryn sagt heute: »Indem ich die Worte änderte, die ich mir selbst und anderen sagte, war ich in der Lage, sehr schnell Fülle in meinem Leben zu manifestieren.«

Caryn sagte keine positiven Worte oder Affirmationen. Vielmehr *hörte sie einfach auf,* die negative Affirmation »Ich bin arbeitslos …« zu benutzen – und alles wurde anders.

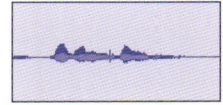

Als Caryn sagte: »Ich bin arbeitslos«, wurde sie von der engen und schwachen Energie dieser Aussage behindert. Es war eine negative Affirmation, die dafür sorgte, dass sie weiterhin arbeitslos blieb. Doch kaum hatte sie aufgehört, diese Worte zu benutzen, wurde ihr eine wunderbare Stelle angeboten.

So wie Caryn hat auch ein Mann namens Gabriel seinen beruflichen Werdegang enorm verbessert, indem er sein Vokabular änderte. Gabriel absolvierte gerade sein letztes Hochschul-Seminar und war fast so weit, sein Diplom zu machen, seine Beratungslizenz zu bekommen und den nächsten Schritt in seinem Leben zu tun. Da er jedoch keine Lust mehr zum Studieren hatte, ging er mit einer negativen Einstellung an die bevorstehende Prüfung für seine Lizenz heran.

Gabriel sagte sich selbst: »Diese Prüfung ist idiotisch«, und: »Ich glaube nicht, dass ich es schaffe.« Es überrascht nicht, dass er bei der Prüfung durchfiel. Er merkte, dass seine eigenen negativen Worte die Ursache für sein Versagen waren, also beschloss er, positivere zu benutzen.

Als er sich auf seinen zweiten Versuch vorbereitete, benutzte Gabriel positive Aussagen wie beispielsweise »Ich bin intelligent«, »Ich verstehe jede Frage bei dem Examen« und »Ich weiß die Antworten«.

Dieses Mal schloss Gabriel seine *National Counselor Examination* mit Erfolg ab!

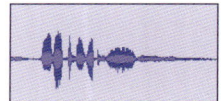 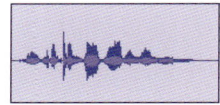

Als Gabriel zu sagen pflegte: »Dieser Test ist idiotisch«, und: »Ich glaube nicht, dass ich es schaffe«, führte die schwache, enge Energie dazu, dass er bei seiner Lizenz-Prüfung durchfiel.

 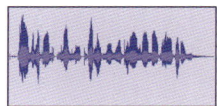

Gabriel schaffte sein Examen, als er aufhörte, negative Worte zu benutzen, und stattdessen sagte: »Ich verstehe jede Frage bei diesem Examen«, und: »Ich weiß die Antworten – ich bin intelligent.«

ENGELWORTE ZUR
MANIFESTIERUNG IHRES TRAUMES

Tamara Warden träumte immer davon, als Sängerin bei Hochzeiten und in Nachtclubs aufzutreten. Als junges Mädchen war sie Mitglied im Schulchor und bemühte sich um Soloaufträge. Bis ihr eines Tages ihre beste Freundin sagte, ihre Stimme sei »zwar gut, aber nicht *soo* gut«. Seit dem vorzeitigen Tod ihres Vaters bereits ein empfindsamer Teenager, zerstörten diese Worte Tamaras Selbstvertrauen total. Sie gab das Singen auf.

Ein paar Jahre später schenkte ihr jemand meine Orakelkarten *Der Zauber der Meerjungfrauen und Delfine*. Jedes Mal, wenn sie sich selbst ein Reading gab, zog sie die Karte »Musik wird sich manifestieren«. Doch jedes Mal sagte Tamara sich: »Es ist völlig ausgeschlossen, dass ich wieder singen kann«, oder: »Ich kann nicht singen – die Karten müssen sich irren.«

Vier Jahre lang zog Tamara diese Karte immer wieder, bevor sie aktiv wurde. Sie erfuhr, dass ein Nachtclub in ihrer Stadt einen Karaoke-Wettbewerb veranstaltete, und beschloss, einen Versuch zu wagen. Sie sang sich die Seele aus dem Leib, gewann den fünften Platz von 20 – und fühlte sich wunderbar!

Doch der wirkliche Preis war ein von Herzen kommendes Kompliment einer der anderen Sängerinnen, die Tamara sagte, sie habe Talent. Die Frau lud sie ein, beim nächsten Treffen ihrer Musikgruppe aufzutreten, was Tamaras Selbstvertrauen ungeheuer stärkte.

Heute wird sie dafür bezahlt, bei Hochzeiten zu singen, genau wie sie es sich immer erträumt hatte! Tamara hat sogar in dem Nachtclub, wo sie zum ersten Mal wieder gesungen hatte, ihr eigenes Karaoke-Business eröffnet. Heute ermutigt sie bei ihren Veranstaltungen Sänger und Sängerinnen, an sich selbst zu glauben und zu sagen: »Ich kann es!«

Tamara sagte mir: »Die Macht positiver Gedanken hat mich gelehrt, an mich selbst zu glauben und meinen Kopf nicht von negativen Gedanken oder Personen verstopfen zu lassen. Ich bin ein guter Mensch, ich habe Talent und ich bin wertvoll.« Außerdem erzählte Tamara mir, dass sie beim Singen die Erzengel Michael, Raphael und Gabriel bittet, bei ihr zu sein und ihre Gedanken und Musik mit positiven Segnungen zu erfüllen.

*Als Tamara sich selbst sagte: »Ich bin keine gute Sängerin«,
verlor sie jegliches Selbstvertrauen und gab ihren Traum auf.*

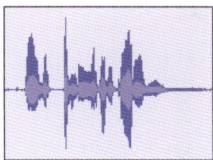

*Tamara begann ihre Karriere als Sängerin, indem sie affirmierte:
»Ich bin eine talentierte Sängerin« – Worte von hoher, hilfreicher Energie.*

Ein positives Wort kann Ihr Leben zum Besseren wandeln, wie auch eine Frau namens Jessica Nadeau entdeckte.

Jessicas Leben war viele Jahre lang sehr schwierig gewesen. Sie verlor einen Job nach dem anderen, schien nicht in der Lage zu sein, ihr Studium zu Ende zu bringen, und lebte mit 36 Jahren immer noch zu Hause bei ihrer Mutter. Als Jessica nach einem Jahr immer noch keinen Job gefunden hatte, suchte sie verzweifelt nach Hilfe.

Das war der Moment, wo sie sich mit Spiritualität und Meditation zu beschäftigen begann. Bald fiel ihr auf, dass sie häufig das Wort *wohlwol-*

lend sah und hörte, wenn sie auch die Bedeutung nicht verstand. Also schaute Jessica im Wörterbuch nach, und ihr kamen die Tränen, als sie die süße Definition dieses Wortes las: »Bekannt dafür oder geneigt, Gutes zu tun«. Sie fühlte Wellen der Erleichterung und Gnade durch ihren Körper fließen, als sie die Bedeutung noch einmal las.

Von nun an benutzte sie dieses Wort als Mantra und fokussierte sich außerdem darauf, Wohlwollen in jedem und allem zu sehen.

Jessica sagt: »Heute bin ich glücklich, sagen zu können, dass mir eine zweite Chance gegeben wurde, das Leben zu führen, das für mich vorgesehen war, mit einem neuen Job, der flexibel genug ist, dass ich wieder aufs College gehen und meinen Abschluss machen kann auf einem Gebiet, dem meine ganze Leidenschaft gilt! Ich bin erfüllt von neuer und wohlwollender Energie, und ich weiß, dass dieses Wohlwollen immer Teil von mir sein wird. Dieses Wort hat eine wunderbar positive Wirkung auf mein Leben.«

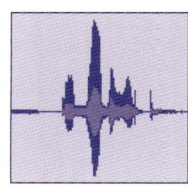

Jessica sagte oft wie ein Mantra das hochvibrierende Wort wohlwollend (was so viel bedeutet wie »liebevoll, fürsorglich, gut«). Sie ist davon überzeugt, dass sie diesem Wort die tief greifende positive Veränderung in ihrem Leben verdankt.

In ähnlicher Weise hat das Wort *dankbar* eine große Veränderung für Donna Domoleczna gebracht, die als Bedienung in einem Steakhouse arbeitete. Monatelang war das Restaurant tagsüber halb leer, da die Gäste lieber abends als mittags essen wollten. Was zur Folge hatte, dass Donna und ihre Kollegin über ihr mangelndes Trinkgeld klagten, auf das sie bei ihrem geringen Lohn nicht verzichten konnten.

Dann hörte Donna von dem Gesetz der Anziehung, und sie schlug ihrer Kollegin vor, ein Experiment zu machen. Sie sagte: »Komm, ab jetzt werden wir sagen, ›Ich bin dankbar‹ für jeden Aspekt unserer Arbeit.« Also begannen die beiden Frauen, ihre Dankbarkeit für die offensichtlichen Fakten – wie beispielsweise ihre Stelle, das kostenlose Essen und ihre Freundschaft – zum Ausdruck zu bringen.

Dann taten sie mit lauter Stimme ihre Dankbarkeit dafür kund, das Besteck in Servietten einzuwickeln, Teller zu stapeln, und für jeden anderen Aspekt ihres Jobs. Sie fühlten die Dankbarkeit nicht wirklich, sondern sagten diese Dinge nur zum Spaß. Nichtsdestotrotz brachte das Spiel sie zum Lachen und verbesserte ihre Stimmung gewaltig.

Am nächsten Mittag war das Restaurant gerammelt voll, und beide Frauen bekamen eine Menge Trinkgeld. Donna sagte mir: »Dankbarkeit funktioniert wirklich! Sicher, es ist leicht, zu klagen und sich zu beschweren, doch sobald man anfängt zu sagen, dass man dankbar ist, passieren lauter gute Dinge.«

*Als Donna und ihre Kollegin ständig klagten: »Niemand isst hier zu Mittag«,
blieb ihr Restaurant leer. Achten Sie auf die hohe Energie, die der mittlere
Teil des Satzes zeigt. Das ist der Moment, wo die Worte »isst hier« gesprochen
wurden, die für sich genommen eine positive Affirmation sind.*

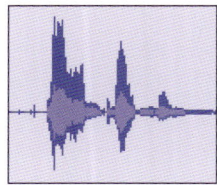 

*Einen Tag nachdem Donna und ihre Kollegin begannen, »Ich bin dankbar«
und »Wir sind dankbar« zu affirmieren, war das Restaurant am Mittag voll.
Achten Sie auf die Energie für »Ich bin dankbar« (linke Grafik) die
ausgeprägter ist als die Kurve für »Wir sind dankbar« (rechte Grafik).*

Ihre Wahl der Worte kann Ihr Unternehmen, Ihre Finanzen und Karriere entweder ruinieren oder aufblühen lassen. Das ist der Grund, warum das alte Sprichwort »Man kann sich den Luxus eines negativen Gedankens nicht leisten« eine althergebrachte Binsenweisheit ist. Positive Worte sind wie wohlwollende Geschäftspartner, Mentoren und Finanzplaner. Sie sind ein Investment, das nichts kostet, jedoch eine sehr hohe Rendite bringt.

Benutzen Sie ausschließlich positive Worte, um die globale und nationale Ökonomie zu beschreiben. Affirmieren Sie stets, dass Ihr Business, Ihre Karriere und Finanzen profitabel und erfreulich sind. Die Benutzung positiver Worte wird schnell zu einer gesunden, verinnerlichten Gewohnheit, die für Ihre finanzielle Gesundheit jetzt und in Zukunft sorgt.

In unserem nächsten Kapitel werden wir uns anschauen, auf welche Weise Worte wie heilende Engel wirken.

KAPITEL 3

ENGELWORTE FÜR GESUNDHEIT UND HEILUNG

»Worte sind die Ärzte eines erkrankten Geistes.«

AESCHYLOS

Wie dieses Zitat des antiken griechischen Dramatikers besagt, können Worte die Funktion von Heilern übernehmen. Allerdings können sie zur Entstehung einer Krankheit auch erst beitragen.

Während meiner Tätigkeit als Psychotherapeutin in Krankenhäusern lernte ich zwei verschiedene Arten von Ärzten und von Pflegepersonal kennen:

1. Die einen (zum Glück die Mehrheit) behandelten Patienten wie Menschen mit komplexen Gefühlen und individuellen Situationen.

2. Die zweite Art von Ärzten und Pflegepersonal bezog sich auf einen Patienten mittels seiner Diagnose, indem sie zum Beispiel sagten: »Der Schizophrene in Zimmer 412.« Ihr generelles Verhalten machte die von ihnen behandelten Patienten zu Objekten. Tatsächlich hatte ich den Eindruck, dass ihr Verhalten die Patienten dazu verleitete, sich auch selbst als »einen Schizophrenen« zu identifizieren und nicht als Judy, Bob oder Ralph. In solchen Fällen können medizinische oder psychologische Diagnosen zu sich selbst erfüllenden Prophezeiungen bzw. Flüchen werden. Das sind die Momente, wo Worte verletzen können.

Da ich mit der heilenden Religion der Christian Science aufgewachsen bin, lernte ich schon früh, mich darauf zu fokussieren, meine Worte mit Bedacht zu wählen … besonders wenn es um Gesundheit ging. Anstatt zu sagen: »Ich habe eine Erkältung«, lernte ich zu sagen: »Ich scheine die Erfahrung einer Erkältung zu machen«, oder etwas in der Art, um zu verhindern, dass ich mich persönlich mit der Krankheit identifiziere.

Zu unseren Glaubenssätzen gehörte, weder Zeitungs- noch Fernsehberichte (einschließlich Werbung) über Krankheiten anzuschauen, weil Gespräche über Krankheit dazu führen könnten, dass wir diese Symptome entwickeln. Diesem Training verdanke ich meine seit jeher gute Gesundheit.

Diagnostische Bezeichnungen können zu sich selbst erfüllenden Prophezeiungen werden. Wenn Sie also eine bestimmte Diagnose erhalten haben, ist es wichtig, sich von diesen Worten zu lösen.

Ein Mann namens Dominic sagte sich selbst und anderen immer wieder: »Die Ärzte haben eine bipolare Störung bei mir diagnostiziert.« Dazu gehörte, dass er fast 10 Jahre lang regelmäßig Psychopharmaka nahm. Da er nicht sein Leben lang Medikamente nehmen wollte, beschloss Dominic schließlich, sich die Macht der Worte zunutze zu machen, um gesunde Veränderungen herbeizuführen.

Heute verwendet er nie den Begriff *bipolare Störung*, sondern nur noch positive Worte, wenn er über seine Krankheit spricht. Häufig affirmiert er: »Ich sorge in jeder Hinsicht ausgezeichnet für mich.« Dominic arbeitete mit seinem Arzt daran, langsam, aber sicher seine Medikation ganz abzusetzen. Er sagt: »Meine Stimmung und Schlafmuster sind heute sehr gut. Ich fühle mich inspiriert, regelmäßig zu trainieren und mich draußen in der frischen Luft aufzuhalten, mit dem Rauchen aufzuhören und mir allgemein eine wesentlich gesündere Lebensweise zuzulegen.«

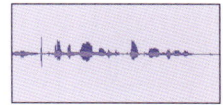

Als Dominic ständig sagte: »Die Ärzte haben eine bipolare Störung bei mir diagnostiziert«, manifestierte er entsprechende Symptome und die Notwendigkeit, Medikamente zu nehmen.

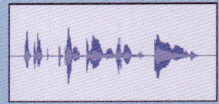

Als Dominic aufhörte, den Begriff »bipolare Störung« zu benutzen und stattdessen sagte: »Ich sorge in jeder Hinsicht ausgezeichnet für mich«, fing er an, mithilfe seines Arztes langsam, aber sicher seine Medikation ganz abzusetzen und sich eine gesunde Lebensweise zuzulegen.

Eine Frau mit Namen Anna Taylor machte eine ähnliche Erfahrung wie Dominic. Nachdem sie als Kind von den Ärzten die Diagnose *zerebrale Kinderlähmung* erhielt, galt sie gemeinhin als »behindert«. Doch schon als kleines Mädchen störte sie diese Bezeichnung. Sie gab ihr das Gefühl, weniger zu sein als andere, mit Limitierungen bezüglich dessen, was sie tun konnte.

Als sie heranwuchs und Sängerin wurde, entdeckte Anna die Macht von Klängen, Tönen und Worten. Das half ihr zu verstehen, warum die Bezeichnung »behindert« sie jedes Mal schaudern ließ. Wenn heute jemand sagt, sie sei behindert, erklärt Anna: »Ich bin sehr befähigt, vielen Dank. Nur nicht auf die gleiche Weise, wie Sie es vielleicht sind.«

Anstatt zu affirmieren, dass sie bestimmte Einschränkungen hat, affirmiert Anna ihre Fähigkeiten. Das hat ihr geholfen, Herausforderungen zu überwinden, sich ohne Rollstuhl fortzubewegen und eine CD mit ihren Songs aufzunehmen und auf den Markt zu bringen. Anna hat mir gesagt: »Ich hoffe, anderen mit meinen Songs zu zeigen, dass wir alle unseren Träumen folgen können, egal wer wir sind und wie unser Körper beschaffen ist.«

*Wann immer Anna sagte »Ich bin behindert«,
fühlte sie sich weniger wert als andere.*

*Als Anna zu affirmieren begann: »Ich habe Fähigkeiten«, war sie bald
in der Lage, sich ohne Rollstuhl fortzubewegen und ihren Traum zu realisieren,
Sängerin zu werden und eine CD herauszubringen.*

Positive Worte sind wie Medizin! Als eine Frau namens Krista Wlaz ihr Vokabular änderte, verbesserte sich ihre Gesundheit. Diagnostiziert mit Fibromyalgie-Syndrom, pflegte Krista zu sagen: »Die Schmerzen hören nie auf. Ich bin dieser Schmerzen müde. Immer tut mir alles weh«, sowie weitere negative Affirmationen bezüglich ihrer Gesundheit.

Eines Tages wurde Krista die negative Wirkung dieser pessimistischen Worte auf ihren Körper bewusst. Heute macht sie positive Aussagen wie: »Wohlbefinden ist mein natürlicher Zustand. Ich bin gesund, reich und frei. Ich habe viel Energie, um die Dinge zu tun, die ich liebe.«

Krista schreibt diesen positiven Sätzen die Verbesserung in ihrem Leben und ihrer Gesundheit zu. Sie sagt: »Das Verändern meiner Denkweise von selbstzerstörerischen Worten zu solchen der Selbstachtung und Selbstliebe heilt meinen Körper. Wenn ich heute das Wort ›müde‹ sage, fühle ich, wie eine Schwere mich herunterdrückt, und wenn ich sage, dass ich gesund, reich und frei bin, löst sich die Schwere auf, und ich fühle mich wieder leicht.«

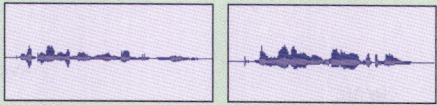

Als Krista klagte: »Die Schmerzen hören nie auf. Ich bin dieser
Schmerzen müde. Immer tut mir alles weh«, erlebte sie genau das,
zusammen mit dem Gefühl der Schwere auf ihren Schultern.

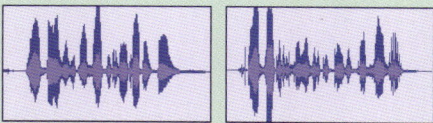

Die Schwere löste sich auf, ihre Energie nahm zu, und sie gewann allmählich
ihre Gesundheit wieder, als sie anfing, kontinuierlich zu affirmieren:
»Wohlbefinden ist mein natürlicher Zustand. Ich bin gesund, reich und frei.
Ich habe jede Menge Energie, um die Dinge zu tun, die ich liebe.«

Wie Kristas Geschichte zeigt, können Worte unsere Energie schneller be-
flügeln als eine Tasse Kaffee.

Eine Frau namens Jessika Lazor hatte die Angewohnheit zu sagen: »Ich
bin so müde«, und: »Ich fühle mich krank.« Nach zwei Jahren konnten
die Ärzte immer noch keine organische Ursache für Jessikas Erschöp-
fung, Kopfschmerzen und Schwächeanfälle finden, also gaben sie ihr die
Diagnose *chronisches Erschöpfungssyndrom*.

Schließlich kam der Tag, an dem Jessika beschloss, es mit positiven
Affirmationen zu versuchen. Also fing sie an, sich selbst und anderen zu

sagen: »Ich habe Energie«, und: »Ich bin gesund.« Beinahe sofort nahm ihre Energie spürbar zu, und sie fühlte sich besser. Außerdem fühlte sie sich stark genug, eine toxische Beziehung zu beenden, was zu ihrer neu gefundenen Gesundheit beitrug.

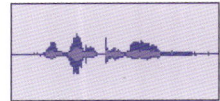 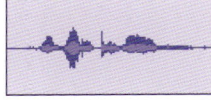

Obwohl die Ärzte nichts finden konnten, was ihren Zustand hätte erklären können, sagte Jessika ständig: »Ich bin so müde«, und: »Ich fühle mich krank«, und kreierte so ihre eigene Realität.

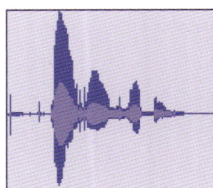 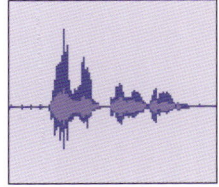

Als Jessica zu affirmieren begann: »Ich habe Energie«, und: »Ich bin gesund«, verschwanden ihre Symptome, ihre Energie kam zurück, und sie fühlte sich wieder wohl in ihrer Haut.

Diese Geschichten erinnern uns daran, mit Bedacht die Worte und Sätze zu wählen, mit denen wir uns beschreiben. Benutzen Sie nur Worte, die das aussagen, was Sie sich wünschen, wie zum Beispiel *gesund*, *glücklich* und *energetisch*. Wie die Engel-Diagramme zeigen, haben negative Worte bezüglich Gesundheit eine niedrige Energie, was zu entsprechenden Symptomen führt. Zum Glück gibt es jedoch zu jedem Wort einen positiven Gegenbegriff, der Ihr Leben heilen und Ihre Selbstachtung stärken kann, wie wir im nächsten Kapitel näher erforschen wollen.

KAPITEL 4

LEBENSBEJAHENDE AUSDRÜCKE UND KLISCHEES

»Freundliche Worte können kurz sein und leichthin ausgesprochen, doch ihre Echos sind wahrhaft endlos.«

MUTTER THERESA

Ich liebe Vögel. Ich füttere die Vögel in meinem Garten und habe im Auto immer eine kleine Tüte Vogelsamen, um die Spatzen füttern zu können, die auf dem nahe gelegenen Parkplatzgelände herumhüpfen. Als also jemand kürzlich die Redewendung »Töte zwei Vögel mit einem Stein« von sich gab, zuckte ich natürlich zusammen.

Das konnte ich nicht widerspruchslos hinnehmen. Freundlich lächelnd schlug ich eine lebensbejahendere Affirmation vor: »Wie wäre es, wenn wir ›zwei Vögel mit einer Handvoll Vogelsamen füttern‹?«

Der Mann und ich mussten beide lachen und die Wahrheit bestätigen: Es ist so wichtig, auf die Worte zu achten, die wir sagen, denken oder schreiben … einschließlich althergebrachter Redewendungen.

Als junges Mädchen hörte Esther Hill häufig ihren Vater sagen: »Das Leben ist kein Kirschenessen.« So wie jedes andere beeindruckbare Kind glaubte sie den Worten ihres Vaters, und als Erwachsene benutzte sie häufig genau denselben Ausspruch. Ihr Leben war schwierig, doch sie akzeptierte diese Tatsache als etwas, das genau so und nicht anders sein konnte.

Dann lernte Esther Menschen kennen, die ihr zeigten, dass man sein Leben durch die Benutzung positiver Affirmationen kontrollieren und verändern kann. Also begann sie zu sagen: »Das Leben *ist* ein Kirschenessen«, und ihr Leben drehte sich um 180 Grad zum Besseren!

Esther sagt: »Heute ist mein Leben einfach wundervoll. Jeden Tag lerne ich etwas Neues, und das Leben ist aufregend! Ich kann so viel tun und die sein, die ich sein will. Ich habe einen hinreißenden Partner, lebe in einem fantastischen Haus und führe mein eigenes Geschäft. Und ich helfe anderen Menschen, eine höhere Vibration in ihr Leben zu bringen. Das Leben ist absolut und ohne Frage das reinste Kirschenessen!«

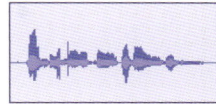

Esther übernahm von ihrem Vater den Ausspruch:
»Das Leben ist kein Kirschenessen«, was zu ihrer Überzeugung führte,
das Leben müsse schwer sein.

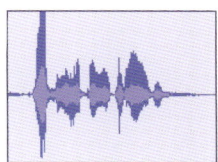

Als Esther diese Redewendung in die positive Affirmation
»Das Leben ist ein Kirschenessen« verwandelte, wurde ihr Leben
glücklicher und voll aufregender neuer Möglichkeiten.

FRIEDLICHE REDEWENDUNGEN

Redewendungen wie die von Esther scheinen harmlos genug zu sein, bis man erkennt, dass sie bei regelmäßiger Wiederholung unsere Realität kreieren. Ich habe mit diversen Engel-Therapeuten gearbeitet, um friedvolle Alternativen zu negativen Ausdrücken, Klischees und Redewendungen zu kreieren. Hier ist die Liste unserer neuen positiven Formulierungen. Achten Sie auf die niedrigen Vibrationen in den Diagrammen der alten Sprüche und auf die hohen Vibrationen bei den neuen:

Altes Klischee

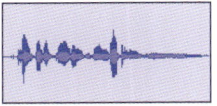

Zwei Vögel mit einem Stein töten.

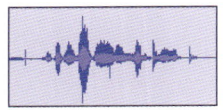

Das ist mein Schuldenkonto.

Neues Klischee

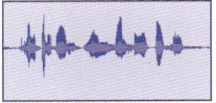

Zwei Vögel mit einer Handvoll Vogelsamen füttern.

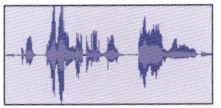

Das ist mein Segenskonto – es ist immer Geld drauf.

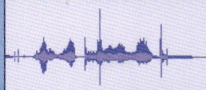

Das geht mir echt auf
die Nerven.

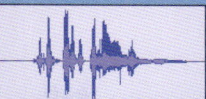

Das ist eine kleine
Herausforderung.

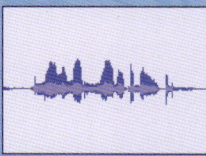

Mir ist beinahe das Herz
stehen geblieben!

Da bin ich aber erschrocken!

Ich sitze echt in der Klemme.

Ich gehe mit Leichtigkeit und
Anmut durchs Leben.

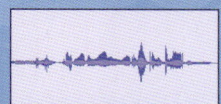

Man kann eine Katze auf
verschiedene Art häuten.

Die Welt ist voll unendlicher
Möglichkeiten.

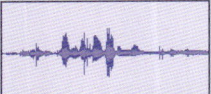

Das ist furchtbar nett von ihr/ ihm.

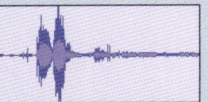

Fantastisch, was er/ sie da macht!

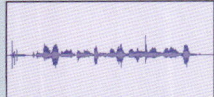

Jeder ist sich selbst
der Nächste.

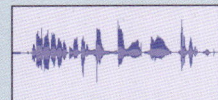

Ich liebe meinen Nächsten.

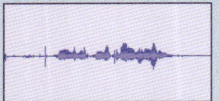

Ich bin offen für Kritik.

Ich bin offen für positives Feedback!

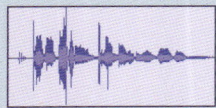

Das ist keine Kunst.

Das ist eine Kunst.

Er ist nicht ganz dicht.

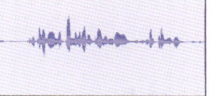

Seine Möglichkeiten sind
unbegrenzt und absolut genial.

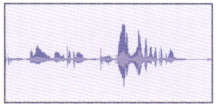

Ich hatte eine verdammt
gute Zeit.

Ich hatte eine *himmlisch* gute Zeit.

Ich hätte mein Leben
dafür gegeben.

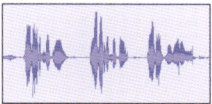

Ich habe für diesen Moment *gelebt*.

Wie du's auch machst,
es ist verkehrt.

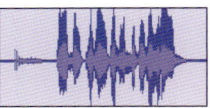

Gesegnet, wenn du es
machst, gesegnet, wenn du
es nicht machst, gesegnet,
was immer du machst!

Keine gute Tat bleibt
ungestraft.

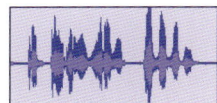

Gute Taten werden
immer belohnt.

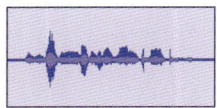

Das ist mein tödlicher Ernst.

Das ist meine Wahrheit.

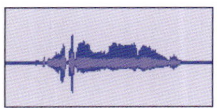

Ich sage dir nur, wie es ist.

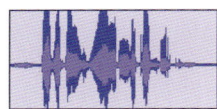

Jeder sieht die Dinge auf
seine eigene Weise.

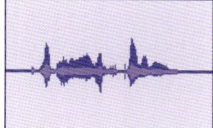

Luxus ist schlecht.

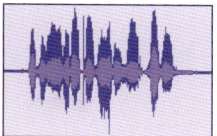

Luxus erfreut die Seele!

Das schmeckt ja furchtbar.

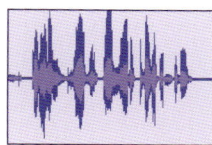

Das hat einen Geschmack,
an den ich nicht gewöhnt bin.

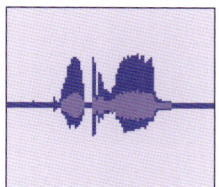

Hals- und Beinbruch!

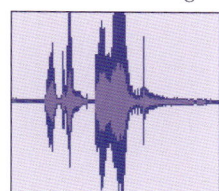

Du kannst es schaffen.
Oder: Möge die Macht mit dir sein.

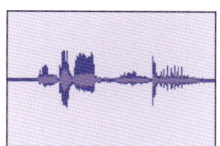

Der erste Schuss muss sitzen!

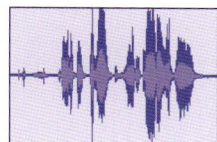

Der erste Versuch und auf
Anhieb erfolgreich!

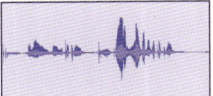

Nicht den Hauch einer Chance.

So viele Chancen wie nötig.

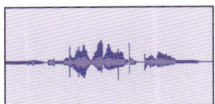

Ich schwitze wie ein Schwein.

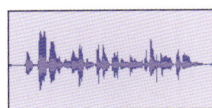

Mein Körper entschlackt und reinigt sich selbst.

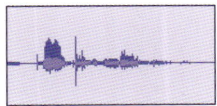

Das ist mir scheißegal!

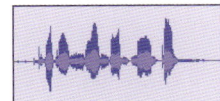

Das ist nicht meine Angelegenheit!

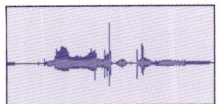

In der Liebe und im Krieg ist alles erlaubt.

Liebe ist real.

Das Geld wächst nicht
auf Bäumen.

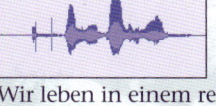

Wir leben in einem reichen
Universum der Fülle.

Warum einfach, wenn's
auch umständlich geht?

Mach es dir nicht so schwer,
mein Schatz!

Dazu braucht man ja
wirklich nicht viel Verstand.

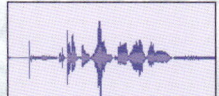

Es ist einfach, verglichen mit
den meisten anderen Dingen.

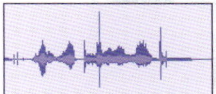

Was für ein Mist!

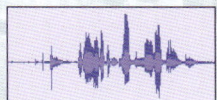

Das ist eine echte
Lernerfahrung.

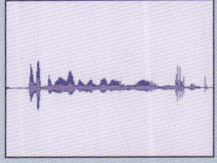

Alles, was ich gerne tue, ist illegal, unmoralisch oder macht dick.

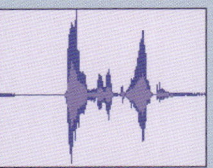

Das Leben ist wunderbar!

Das kann ich nicht glauben.

Das war ja wirklich super!

Kinder sollte man sehen,
nicht hören.

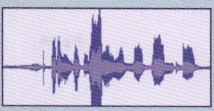

Kinder sollten gesehen und
laut und klar gehört werden!

Es ist kein Ende in Sicht.

Ständig geschehen wunderbare
Veränderungen!

Am liebsten hätte ich ihm
den Garaus gemacht.

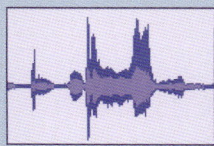

Am liebsten hätte ich ihn umarmt.

Wenn es eine Schlange gewesen
wäre, hätte sie dich gebissen!

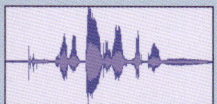

Wenn es mein Hund gewesen
wäre, hätte er dir die Hand ge-
leckt!

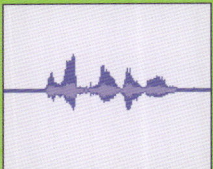

Mein Herz blutet für dich.

Mein Herz singt für dich.

Zum Sterben schön.

Hinreißend!

Ich hab total die Nase voll!

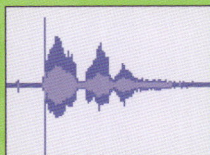

Ich bin bereit, die Situation
zu ändern.

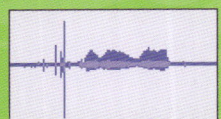

Stell dich nicht so an!

Lass es einfach los.

Das Leben ist ungerecht –
und dann stirbt man.

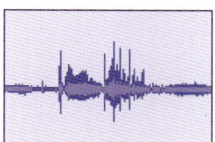

Zeit totschlagen.

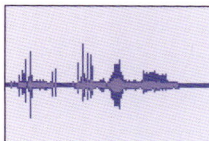

Das Leben ist hart.

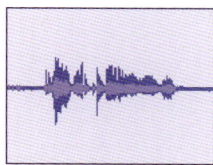

Das kleinere Übel.

Das Leben ist ein Segen,
wenn du es versuchst.

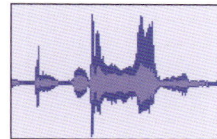

Das Leben genießen.

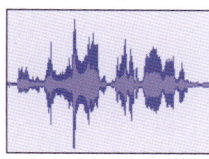

Das Leben ist *voll* ungeahnter
Möglichkeiten!

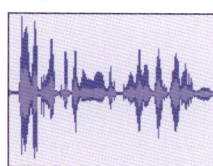

Die beste Gelegenheit,
die sich bietet.

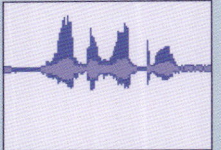

Es tut mir so leid für dich.

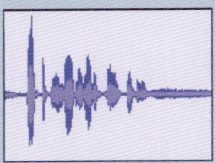

Was kann ich tun, um dich
zu unterstützen?

Ohne Fleiß, kein Preis.

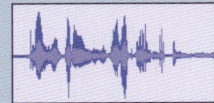

Positive Veränderung lohnt sich.

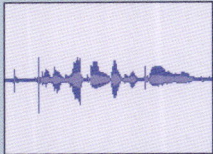

Die Spannung bringt
mich noch um.

Ich kann es kaum erwarten,
zu wissen, wie es weitergeht.

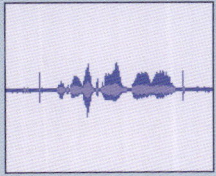

Das ist mir zu anstrengend.

Es ist ganz einfach!

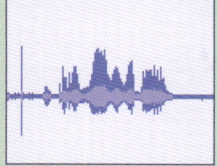

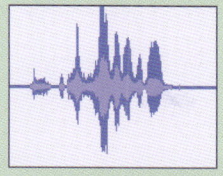

Das war vielleicht ein mieser Tag!   Das war ein himmlischer Tag!

(Danke an unser *Engel-Therapeuten*-Team, das mir geholfen hat, diese Liste aufzustellen, unter anderem: Ros Booth, Anna Taylor, Hope Cramer, Sue Tanida, Tatiela Laake, Pat Schiavo, Tony Costa, April P. Eriel, Angela Hartfield, Clare Douglas, Corinne White, Arlette Bellio, Mary Morningstar Collins, Brigitte Parvin, Janet Bowden, Satoshi Morikawa, David Alden, Melanie Jacob, Erica Longdon, Wendy Eidman, Patrick Richardson, Julie Ann Moylan, Isabella Wesoly, Kristi Vaughn, Megan Anne Gay, Paula Masterman, Claire Jennings, Kate Whorlow, Sandra Allagapen, Keri Martin, Heidi Boucher, Chantal Provost, Polly Ford, Lisette-Anne Volker, Catherine McMahon, Timothy Ellis und Lori R. Leach.)

Entsprechend Webster's Dictionary ist *clichè* ein französisches Jargon-Wort, das ursprünglich nur von Druckern benutzt wurde. Die Vergangenheitsform des Verbes *clicher* beschreibt den Prozess der Vervielfältigung von Worten mithilfe der Druckerpresse. Daher ist die Basis dieses Wortes das Imitieren und Vervielfältigen.

Heute ist *cliché* ein Substantiv, mit dem banale, triviale oder weit verbreitete Ausdrücke und vertraute Sätze beschrieben werden. Wenn es auch einfach ist, Klischees zu imitieren und sie ohne Nachdenken von sich zu geben, sollte man nicht vergessen, dass es sich mit jedem Satz so verhält, als würde man im Restaurant ein Essen von der Speisekarte bestellen und erwarten, dass man es bekommt. Jedes Mal, wenn Sie ein Klischee äußern, lassen Sie das Universum wissen, was Sie haben möchten. Und wie ein Kellner in einem Restaurant wird das Universum einfach das bringen, was Sie bestellt haben. Der Kellner wird nicht mit Ihnen streiten und sagen: »Hey, Moment mal – dieses Essen ist nicht gut für Ihre Gesundheit!« Er wird Ihnen einfach das bringen, was Sie bestellt haben.

Und jetzt wollen wir fortfahren mit unserer Erforschung der Möglichkeiten, wie wir unser Leben in positivere Richtungen lenken können, indem wir uns der Worte, die wir wählen und benutzen, bewusst sind. Im nächsten Kapitel werden wir untersuchen, wie Worte Engel sein können, die uns heilen.

KAPITEL 5

WORTE KÖNNEN IHR LEBEN HEILEN

*»Worte sind der Faden, an dem wir unsere
Erfahrungen aufreihen.«*

ALDOUS HUXLEY

Die Geschichten und Diagramme in diesem Buch zeigen klar die Energie von Worten. Sie können jeden Bereich Ihres Lebens auf der Stelle verändern, indem Sie höher vibrierende Worte benutzen. In diesem Kapitel lernen Sie Menschen kennen, die positiver geworden sind, weil sie ihrem Vokabular einfach optimistische Worte und Begriffe hinzugefügt haben. So, wie man Vitamine nimmt oder Biogemüse isst, sind positive Aussagen einfache, jedoch machtvolle Instrumente, die Wohlgefühl, Frieden und Selbstachtung stärken.

Emma Horton arbeitet in einem Freiluftcenter für Kinder. Wenn die Kleinen versuchen, die vertikale Kletterwand zu erklimmen, klagen sie

oft: »Das kann ich nicht!« Also bringt sie jedem Kind bei, stattdessen die Affirmation »Ich kann es!« zu verwenden. Und während die Kinder immer höher klettern, hilft sie ihnen, jedes »Kann ich nicht« durch ein »Ich kann es« zu ersetzen, bis sie oben angekommen sind. Die Kinder sind jedes Mal begeistert, dass sie es geschafft haben! Das gibt ihnen das Selbstvertrauen, auch andere Herausforderungen anzunehmen.

Wenn Kinder sagen: »Das kann ich nicht«, gelingt es ihnen nicht, die vertikale Kletterwand in Emmas Freiluft-Zentrum zu erklimmen.

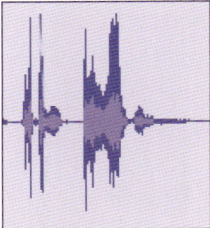

Wenn Emma Kinder ermutigt zu sagen: »Ich kann es!«, sind sie in der Lage, die Wand problemlos hochzuklettern.

Genauso wie Worte den Kindern auf der Kletterwand geholfen haben, können Worte als motivierende Trainer agieren, die Ihnen helfen, Ihr Bestes zu tun. Jessika Lazor, die Sie bereits kennengelernt haben, erlebte eine tief greifende Veränderung, als sie aufhörte, negative, entschuldigende Begriffe wie zum Beispiel »Es tut mir leid« oder »Ich fühle mich schlecht« zu benutzen. Sie erkannte, dass diese beiden Aussagen Schuldgefühle kreierten, anstatt ihr und anderen heilende Energie zu bringen. Heute sagt sie: »Ich vergebe mir«, wann immer sie glaubt, einen Fehler gemacht zu haben. Jessika fuhr fort: »Als ich anfing zu sagen: ›Ich vergebe mir‹, war dies der Schritt, der mehr als alles andere mein Leben positiv verändert hat.«

Heute, wo sie nicht mehr von Schuldgefühlen belastet ist, hat Jessika ein viel größeres Selbstvertrauen und entschuldigt sich nicht mehr für Dinge, mit denen sie nichts zu tun hatte. Sie sagt: »Jetzt kann ich es genießen, einfach nur ich selbst zu sein.«

Als Jessika sich immer zwanghaft für Dinge entschuldigte wie: »Ich fühle mich schlecht«, und: »Es tut mir leid«, sank ihr Selbstwertgefühl auf den Nullpunkt.

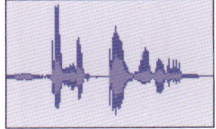

*Heute sagt sie: »Ich vergebe mir«, wann immer sie meint,
einen Fehler gemacht zu haben, und fühlt sich viel besser.*

Viel Glück!

Die alten Sprichworte »*Glück* gibt es nicht« und »Du bist deines eigenen Glückes Schmied« besitzen ein Körnchen Wahrheit, wie eine Frau mit Namen Lucia Kosinova erfahren hat.

Lucia sagte lange Zeit bei jeder Gelegenheit: »Keine Frage, bei meinem Pech wird natürlich irgendetwas schieflaufen« … und, gesagt, getan, jedes Mal war es genau so. Als sie sich spirituell der Art und Weise bewusster wurde, wie sich Energie auf uns auswirkt, wollte Lucia ein positiveres und selbstbewussteres Leben führen.

Also begann sie zu affirmieren: »Ich bin geliebt. Ich bin geführt und beschützt, und diese Situation wird sich klären«, wann immer sie mit Hindernissen irgendwelcher Art konfrontiert wurde. Seither hat sich Lucias Leben dramatisch verändert, und heute hilft sie anderen Menschen, ein positives Leben zu führen.

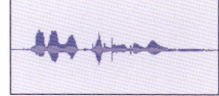

*Früher sagte Lucia: »Bei meinem Pech wird bestimmt irgendetwas
schieflaufen« – und genau so war es dann auch.*

*Als Lucia beschloss, ein positiveres Leben zu führen, hörte sie auf, über
Pech zu reden, und affirmierte stattdessen: »Ich bin geliebt. Ich bin geführt
und beschützt, und diese Situation wird sich klären.«*

ENGELWORTE UND BEZIEHUNGEN

Jede Beziehung hat einen spirituellen Zweck, der uns hilft, zu wachsen
und innerlich stärker zu werden. Manchmal bringen unsere problema-
tischsten Beziehungen die größten persönlichen Segnungen, indem sie
uns Vergebung, Geduld und andere Tugenden lehren.

Da in den meisten Beziehungen Kommunikation das Problem ist, können verständlicherweise die Worte, die Sie anderen sagen, die Qualität
Ihrer Interaktionen entscheidend beeinflussen. Benutzen Sie freundliche

und liebevolle Worte, und Sie werden liebevolle persönliche Beziehungen haben. Benutzen Sie harsche oder lieblose Worte, und Ihre Beziehung wird sich dementsprechend entwickeln.

Die wichtigsten Worte sind wahrscheinlich die, die wir uns selbst sagen. Diese Worte können einen starken Einfluss darauf haben, wie wir uns sehen und bezüglich uns selbst fühlen, was sich wiederum auf unsere Beziehungen mit anderen Menschen auswirkt.

Zum Beispiel sah eine Frau namens Fairouz Saouli als Kind ihren Vater nur selten. Mit der Zeit kam sie zu der Überzeugung, dass ihr Vater sie nicht liebte und sie seine Zuneigung nicht verdiente. Dieser Glaubenssatz wurde im Laufe der Jahre immer stärker, bis Fairouz zu der Überzeugung gelangte, dass sie von keinem Mann Liebe verdiente. Folglich waren ihre Liebesbeziehungen leer und unbefriedigend, da sie lieblose Männer wählte, die ihre Gefühle nicht zeigten.

All das änderte sich, als Fairouz in einem spirituellen Seminar zum ersten Mal von dem Gesetz der Anziehung hörte. Sie lernte das Prinzip der positiven Affirmationen kennen, was zur Folge hatte, dass sie ihre früheren Behauptungen, »Ich habe keine Liebe verdient«, durch die wiederholte Affirmation »Ich verdiene es, Liebe zu empfangen« ersetzte.

Bald nachdem sie begonnen hatte, diese positiven Worte zu sagen, suchte Fairouz verstärkt den Kontakt mit ihrem Vater, der in Europa lebte. Sie buchte einen Flug und besuchte ihn, was ihr half, Frieden mit ihm zu schließen und Erleichterung zu finden. Fairouz war glücklich, als sie auf dem Rückweg im Flugzeug saß und darauf wartete, dass die letzten Passagiere an Bord kamen. In dem Moment betrat ein Mann die Kabine, und als sie ihn sah, dachte sie auf Anhieb: *Eines Tages werde ich ihn heiraten.* Und wie es nicht anders sein konnte, saß der Mann neben Fairouz, und die beiden hatten wundervolle Gespräche auf dem langen Flug von Europa nach Kanada.

Im Laufe der nächsten Monate schickten sie einander E-Mails, telefonierten und besuchten sich gegenseitig. Heute leben sie glücklich zusammen, und endlich fühlt Fairouz sich geliebt. Sie sagt: »All das ist passiert, weil ich mein Denken geändert habe. Das war das Beste, was ich je für mich tun konnte.«

*Fairouz sagte sich kontinuierlich selbst: »Ich verdiene keine Liebe«,
was dazu führte, dass sie ständig Schwierigkeiten mit ihren Beziehungen hatte.*

*Als Fairouz mit der Affirmation begann: »Ich verdiene es, Liebe zu empfangen«,
begegnete sie kurz danach einem wundervollen Mann und
verliebte sich in ihn – ein Gefühl, das er erwiderte.*

Wie die Geschichte von Fairouz zeigt, können »Selbst-Gespräche« (die
Worte, die Sie sich selbst sagen) den Verlauf Ihrer Beziehung bestimmen.
Wenn Sie negative Worte und Sätze denken oder sagen, fühlen Menschen sich davon abgestoßen und wenden sich ab. Die niedrige Energie
negativer Worte – wie aus den Diagrammen ersichtlich – ist alles andere
als anziehend. Doch wenn Sie sich stattdessen ein positiveres Vokabular
zulegen, wird die Energie höher und einladender.

Ähnlich wie bei Fairouz beeinträchtigten auch Val Tobins negative
Selbstgespräche ihren Wunsch nach einer warmen, liebevollen Beziehung. Jedes Mal, wenn Val jemanden kennenlernte, dachte sie unwei-
gerlich: »Dieser Mensch liebt mich nicht.« Seit ihrer Kindheit war sie

davon ausgegangen, dass andere sie nicht mögen und ablehnen würden. Was zur Folge hatte, dass sie sich anderen Menschen gegenüber unnahbar und kalt verhielt. Dies wiederum sorgte dafür, dass sich niemand für sie erwärmte.

Es bedurfte einer großen bewussten Anstrengung, doch schließlich verwandelte Val ihre negativen Selbstgespräche in positive. Sie begann, sich selbst zu sagen: »Wenn die Menschen mich kennenlernen, mögen sie mich. Und ich mag sie auch.« Val sagt, dass diese positiven Gedanken wie das Öffnen eines lange verschlossenen Fensters waren, um frische Luft hereinzulassen. Sie spürte, wie sie in Gesellschaft anderer spontan lächelte und mehr aus sich herausging, da sie nicht länger von der Annahme ausging, man würde sie ablehnen.

Val sagt: »Heute fühle ich mich den Menschen viel mehr verbunden. Ich weiß, dass wir alle eins sind und dass ich kein schrecklicher Mensch bin, der Zuneigung nicht verdient. Ich weiß, dass ich liebenswert bin!«

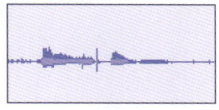

Val dachte gewohnheitsmäßig: »Sie mögen mich nicht«,
wann immer sie jemanden kennenlernte, was dazu führte,
dass ihre Beziehungen angespannt und lieblos waren.

Val begann eine gesunde Beziehung mit sich selbst und anderen,
als sie affirmierte: »Wenn die Menschen mich kennenlernen,
mögen sie mich. Und ich mag sie auch.«

FLÜCHE

Nicht nur die Worte, die wir denken, sondern auch die, die wir laut
aussprechen, üben eine profunde Wirkung auf uns aus. Flüche sind wie
Geschosse, die uns treffen. Wenn Fluchen dem Betreffenden auch vorü-

bergehend das Gefühl von Angst oder Zorn erleichtert, vergiften solche Ausdrücke dennoch jeden, der sie hört. Und wie eine Frau namens Sharon feststellte, kommen ihre negativen Energien wie ein Boomerang zu dem zurück, der sie ausspricht.

Sharon benutzte häufig das »F«-Wort. Meistens sagte sie es leise, sodass es niemand anderes hören konnte. Das Wort war eine geheime Rebellentaktik, mit der sie ihr Unbehagen vokalisierte, ohne jemanden direkt anzugreifen … außer *sich selbst.*

Als Sharon sich auf ihren spirituellen Weg zu fokussieren begann, wurde sie sensitiver für Energien. Und sie merkte, dass sie sich jedes Mal, wenn sie das »F«-Wort sagte, erschöpft fühlte. Daraufhin fing Sharon an, sich mental zu stoppen, wann immer sie es aussprechen wollte.

Sobald sie sich versucht fühlte zu fluchen, hielt Sharon einen Moment inne und sagte stattdessen: »Bless you.« Was zur Folge hatte, dass sich ihr Blutdruck senkte und sie innerlich ausgeglichener wurde.

Wenn Sharon in der Vergangenheit wütend war,
sagte sie das »F«-Wort, und ihr Blutdruck stieg an.

Heute sagt Sharon stattdessen: »Bless you«, und ihr Blutdruck hat sich normalisiert.

MIT WORTEN DIE ZEIT BIEGEN

Mittlerweile haben Ihnen diese Geschichten und grafischen Darstellungen gezeigt, wie Sie Ihr Leben durch das verbessern können, was Sie sagen, denken oder schreiben. Positive Worte können Ihnen bei Ihren Finanzen, bei Karriere, Gesundheit, Selbstachtung und Beziehungen helfen. Tatsächlich sind sie so machtvoll und magisch, dass sie Ihnen offenbar sogar helfen können, physische Gesetze außer Kraft zu setzen, wie jene, die mit unserem Verständnis von Zeit zu tun haben.

Viele Menschen haben bereits positive Affirmationen erfolgreich benutzt, um die Zeit »zu biegen«. Wenn es den Anschein hat, als würde ich zu spät irgendwohin kommen, sage ich ruhig: »Ich komme zum perfekten Zeitpunkt an« – und jedes Mal ist es so. Diese Worte helfen mir, immer grünes Licht und fließenden Verkehr vorzufinden. Zuweilen helfen sie mir sogar, mit unerklärlicher Schnelligkeit anzukommen – ohne das Tempolimit zu überschreiten. Zu anderen Zeiten komme ich ein wenig später an, doch die Personen, mit denen ich verabredet bin, sind auch verspätet. Diese positiven Worte erlauben mir, ruhig zu bleiben, damit ich frisch und entspannt an meinem Ziel ankomme.

Hier ist das Diagramm für diesen magischen Satz, der dafür sorgen wird, dass Sie von jetzt an immer pünktlich sind:

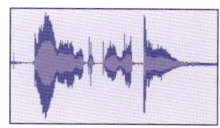

Die Benutzung der hochenergetischen Affirmation »Ich komme zum perfekten Zeitpunkt an« wird dafür sorgen, dass Sie ruhig, entspannt und pünktlich sind.

Livia Maris Jepsen, die Sie schon von einem früheren Kapitel kennen, verwendete kürzlich eine ähnliche Affirmation bezüglich Zeit, mit ungeahnten Resultaten. Sie war auf dem Weg zum Flughafen. Allerdings war sie später als geplant von zu Hause losgefahren. Logisch betrachtet, hätte sie ihren Flug eigentlich nicht mehr kriegen können, doch weiß Livia um die Macht der Worte, also rief sie die Engel herbei und sagte: »Bitte helft mir, rechtzeitig am Gate zu sein und noch Zeit übrig zu haben!«

Als Livia am Flughafen ankam, war die Schlange vor dem Check-in sehr lang, doch sie hatte volles Vertrauen, dass ihr Gebet beantwortet werden würde. Das Einchecken verlief reibungslos, die Schlange vor dem

Schalter wurde zusehends kürzer, und sie kam 30 Minuten vor dem Start am Abflug-Gate an. Als Livia gerade den Engeln für »und noch genug Zeit übrig« danken wollte, hörte sie, dass der Start sich um weitere 30 Minuten verspäten würde. Offensichtlich hatten Livias positive Worte, ihr Gebet und die Engel sie eine volle Stunde vor dem Abflug am Gate abgeliefert!

Und weil Livia auf dem Weg zum Flughafen und in der Schlange vor dem Einchecken ihr Vertrauen beibehielt, konnte sie ihren Flug stressfrei genießen.

Die Aussage »Das schaffe ich zeitlich nie!« kreiert Stress und die sich selbst erfüllende Prophezeiung des chronischen Zuspätkommens.

Livias Gebet und Affirmation auf dem Weg zum Flughafen drehten sich darum, ihr Gate mit »genug Zeit« zu erreichen. Und obwohl sie zu spät losgefahren war, kam sie wundersamerweise eine Stunde vor dem Start ihres Fluges an.

Worte sind die Bausteine, die das Fundament für unser Glück bilden ... oder unsere Misere. Die Wahl liegt bei Ihnen. Die gute Nachricht ist, dass Sie die alleinige Kontrolle darüber haben, welche Worte Sie denken, sagen oder schreiben.

Wenn Sie in einer Situation oder Beziehung sind, wo negative Worte benutzt werden, können Sie sich schützen, indem Sie innerlich sagen: *Das mag für dich stimmen, aber für mich stimmt es nicht* – und um Schutz beten. Mit Beten, geführten Schritten und erhebenden Worten können Sie Ihr Leben umgestalten, sodass Sie nur noch von wohlwollenden und positiven Menschen umgeben sind. Dazu müssen Sie nichts anderes tun. als Dinge zu sagen wie: »Jeder in meinem Leben ist positiv und spricht positiv«, und durch das Gesetz der Anziehung muss es so geschehen.

Im nächsten Kapitel werden wir uns die grafischen Darstellungen verschiedener Worte anschauen, damit Sie weiterhin die Energie positiver und negativer Beispiele sehen können. Es mag sogar hilfreich sein, diese Diagramme den Menschen zu zeigen, mit denen Sie leben und arbeiten, als Möglichkeit, sie zu einer positiveren Wahl ihrer Worte zu inspirieren.

KAPITEL 6

POSITIVE WORTE MIT HOHER ENERGIE

»Das Wort des Menschen ist der Gott im Menschen«

ALFRED TENNYSON, 1. BARON TENNYSON

In den nächsten Kapiteln sehen Sie die grafischen Darstellungen positiver und negativer Worte, um die ihnen innewohnende Energie deutlich zu machen.

Dieses Kapitel wird sich auf positive Worte fokussieren. Wir wissen, dass ein Wort für den einen eine positive, für den anderen eine negative Bedeutung haben kann, basierend auf der jeweiligen persönlichen Erfahrung mit dem Wort, der Stimmung des Betreffenden zu dem jeweiligen Zeitpunkt sowie anderen Faktoren. Dennoch zeigen unsere Experimente, bei denen Worte laut ausgesprochen und ihre entsprechenden grafischen Darstellungen genauer betrachtet werden (wie zum Beispiel bei dem Experiment »Liebe« und »Hass«, gesprochen mit denselben vier

Emotionen, wie in der Einführung beschrieben), dass sie eine inhärente Essenz entweder positiver oder negativer Energie aufweisen.

Im Folgenden finden Sie eine umfangreiche Liste von Worten, die Sie hier und da anwenden können ... oder – besser noch – mit denen Sie Ihr Vokabular regelmäßig bereichern können! Achten Sie auf die schöne, expansive Energie jedes positiven Wortes und wie es das ihm innewohnende Licht und Liebe ausstrahlt.

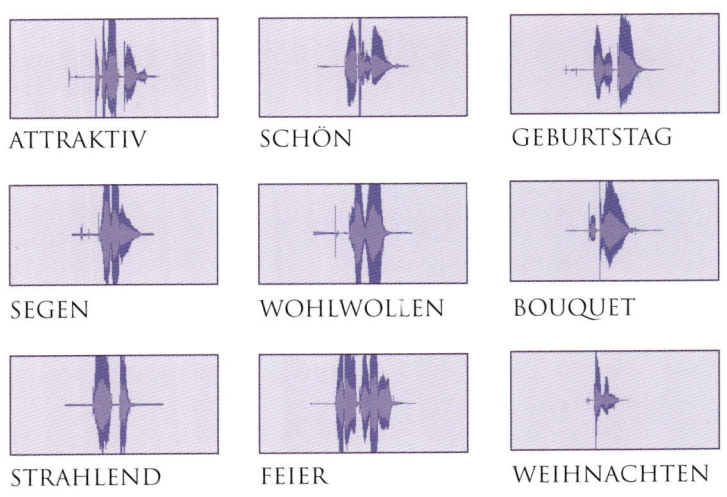

ATTRAKTIV   SCHÖN   GEBURTSTAG

SEGEN   WOHLWOLLEN   BOUQUET

STRAHLEND   FEIER   WEIHNACHTEN

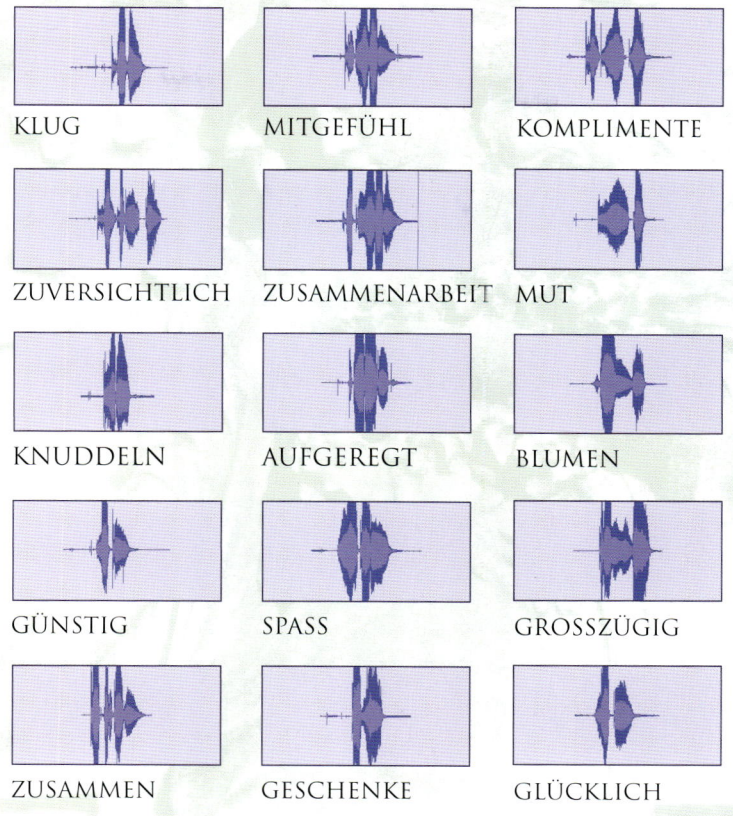

KLUG

MITGEFÜHL

KOMPLIMENTE

ZUVERSICHTLICH

ZUSAMMENARBEIT

MUT

KNUDDELN

AUFGEREGT

BLUMEN

GÜNSTIG

SPASS

GROSSZÜGIG

ZUSAMMEN

GESCHENKE

GLÜCKLICH

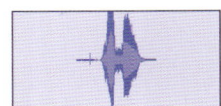 

GESUND

LUSTIG

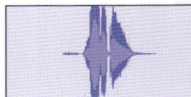

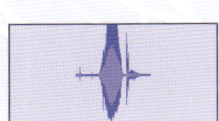

FEIERTAGE

UMARMUNG

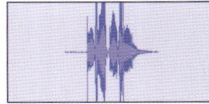

INTEGRITÄT

FREUDE

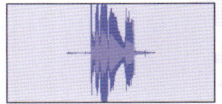

KÜSSE

LACHEN

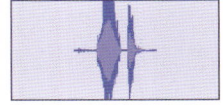

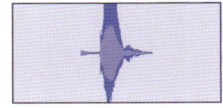

LICHT

LIEBE

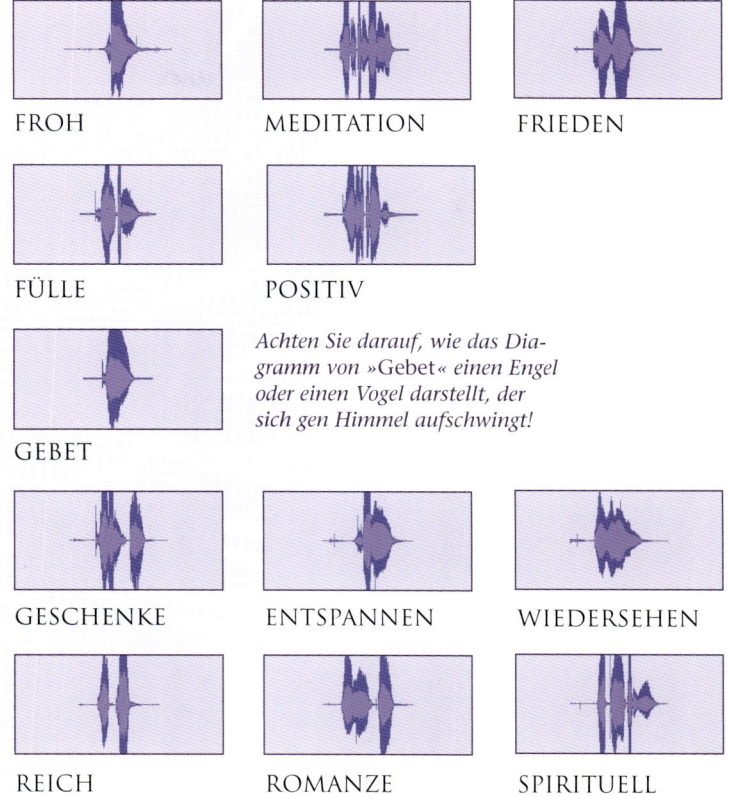

FROH

MEDITATION

FRIEDEN

FÜLLE

POSITIV

GEBET

Achten Sie darauf, wie das Diagramm von »Gebet« einen Engel oder einen Vogel darstellt, der sich gen Himmel aufschwingt!

GESCHENKE

ENTSPANNEN

WIEDERSEHEN

REICH

ROMANZE

SPIRITUELL

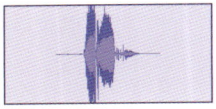

STÄRKE

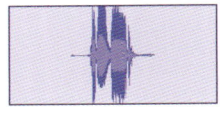

VERTRAUEN

FERIEN

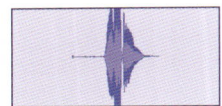

WEISHEIT

Positive Worte klingen gut, fühlen sich schön an und sehen auch so aus. Ihre expansive Energie erhöht und inspiriert Sie wie ein Engel, der Sie in den Himmel hebt. Wenn Sie sich erst einmal an die Gefühle und Klänge positiver, hoch vibrierender Worte gewöhnt haben, werden Ihnen die negativen bald zuwider sein.

Im nächsten Kapitel wollen wir uns die Energien weit verbreiteter negativer Worte ansehen, um Ihnen die grafischen Entsprechungen niedrig schwingender Energien zu demonstrieren.

KAPITEL 7

NEGATIVE WORTE MIT NIEDRIGER VIBRATION

»Farben verblassen, Tempel stürzen ein, Reiche vergehen,
doch weise Worte bleiben bestehen.«

EDWARD THORNDIKE

Dieses Kapitel zu schreiben hat keinen Spaß gemacht und wird wahrscheinlich nicht so angenehm zu lesen sein; jedoch glauben wir, dass es wichtig ist, die Diagramme negativer Worte in einem separaten Abschnitt darzustellen. Die folgenden Seiten fühlen sich unter Umständen für Menschen, die sensitiv auf Energien reagieren, unangenehm oder belastend an. Dafür möchten wir uns gleich zu Beginn entschuldigen. Bitte machen Sie sich bewusst, dass Sie die Energie von Negativität mit positiven Affirmationen klären können.

Das Licht beseitigt immer die Dunkelheit. (Im Nachwort zu diesem Buch haben wir zudem einige Methoden aufgeführt, mit denen Sie sich vor Negativität schützen und sie klären können.)

Der Wert dieses Kapitels liegt in seinem Gegensatz zu dem vorausgegangenen. Achten Sie darauf, wie klein, geschrumpft und zusammengezogen die folgenden Grafiken sind. Sie repräsentieren die niedrige Energie der Angst hinter der Negativität, den Glauben an Mangel und Einschränkung und die Überzeugung, dass Selbstsucht eine Voraussetzung zum Überleben ist. Dies sind alte Energien, die zum Glück immer weniger eingesetzt werden, während wir kollektiv beschließen, uns auf Kooperation, Liebe und Manifestation zu fokussieren.

UNFALL

SUCHT

WUT

ANGST

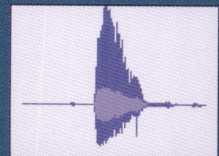

SCHRECKLICH

Man beachte, die große Spitze am Anfang des Graphen – wir glauben, sie stammt vom Präfix »schreck-«. »Schreck« ist einer der göttlichen Klänge, der auch in den meisten Namen für den Schöpfer auftaucht.

SCHLECHT

RECHNUNGEN

KREBS

ZIGARETTEN

Tja, was soll ich sagen? Ich bin eine ehemalige Raucherin, daher gehört dieses Wort meiner Meinung nach hierher.

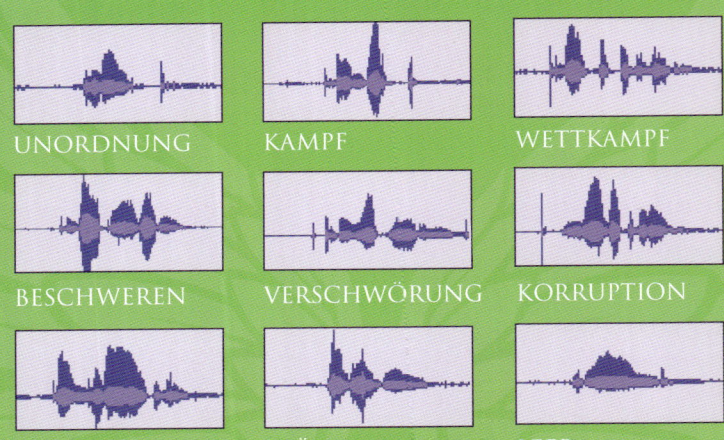

UNORDNUNG KAMPF WETTKAMPF

BESCHWEREN VERSCHWÖRUNG KORRUPTION

DEPRESSIV DIÄT LEER

Achten Sie darauf, wie groß diese Grafik (Drogen) ist, obwohl das Wort sowohl negativ als auch positiv sein kann. Stellen Sie dieses Wort dem Begriff SUCHT gegenüber, der eine wesentlich kleinere Kurve besitzt und ausschließlich negative Assoziationen hat.

DROGEN

ERSCHÖPFT VERSAGEN

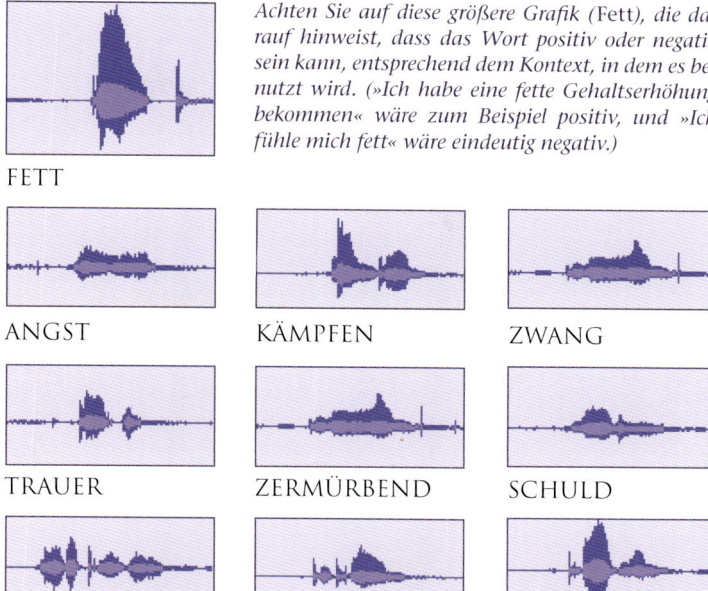

FETT

Achten Sie auf diese größere Grafik (Fett), die darauf hinweist, dass das Wort positiv oder negativ sein kann, entsprechend dem Kontext, in dem es benutzt wird. (»Ich habe eine fette Gehaltserhöhung bekommen« wäre zum Beispiel positiv, und »Ich fühle mich fett« wäre eindeutig negativ.)

ANGST

KÄMPFEN

ZWANG

TRAUER

ZERMÜRBEND

SCHULD

KRANKHEIT

IRRITIERT

PROBLEM

Hier ist ein anderes Wort, das eine große Kurve aufweist (Schrott), was anzeigt, dass es entweder positiv oder negativ ist, je nach Kontext. (»Dieses Auto ist Schrott« wäre negativ, »Ich habe im Secondhandladen eine Menge tollen Schrott gefunden« dagegen positiv.)

SCHROTT

NEGATIV

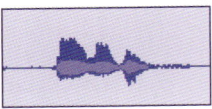

VERSPÄTET   SCHMERZ

PESTIZIDE

Diese Kurve (Pestizide) ist eine gute Anregung, nur noch biologische Nahrungsmittel zu essen und biodynamische Kosmetikprodukte zu benutzen. Wer möchte schon durch seine Nahrung oder Körperlotion negative Energie in sich aufnehmen?

Die Größe dieser Grafik (Plagend) zeigt, dass dieses Wort negative wie positive Energien haben kann, je nach Kontext. (»Mein Verlangen nach Schokolade hat mich geplagt!« wäre eher positiv, während jeder Satz, in dem Sie etwas Unangenehmes »plagt«, negativ wäre.)

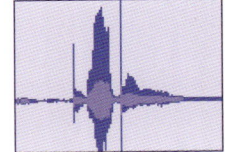

PLAGEND

GIFT

Dies ist immer ein negatives Wort.

POLITIKER

Aus der Größe dieser Grafik geht hervor, dass dieses Wort in jedem Kontext negativ ist (Politiker).

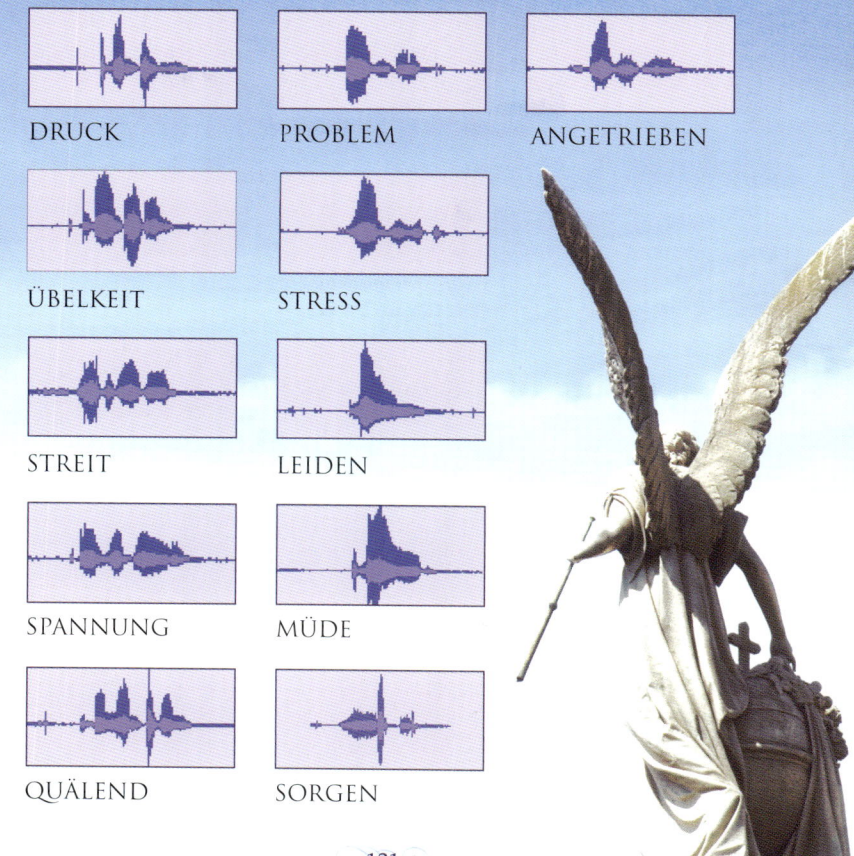

DRUCK

PROBLEM

ANGETRIEBEN

ÜBELKEIT

STRESS

STREIT

LEIDEN

SPANNUNG

MÜDE

QUÄLEND

SORGEN

Unsere Absicht bei diesem Kapitel ist es, Sie klar sehen zu lassen, wie niedrig die Energie negativer Worte ist. Wir hoffen, diese Grafiken werden Sie inspirieren, hochenergetische, positive Worte und Sätze zu benutzen.

KAPITEL 8

GEGENÜBERSTELLUNG VON WORTEN MIT HOHER UND NIEDRIGER ENERGIE

*»Wenn man um den Geist eines Menschen wissen möchte,
muss man auf seine Worte hören.«*

JOHANN WOLFGANG VON GOETHE

In diesem Kapitel sehen Sie von Grant aufgezeichnete Diagramme, die jeweils zwei Wörter mit entgegengesetzter Bedeutung darstellen und uns ein klares Bild von den Energiekurven positiver und negativer Worte geben. Dieser Vergleich von Äußerungen mit hoher bzw. niedriger Energie illustriert auf dramatische Weise die Unterschiede zwischen den Worten, die wir benutzen.

In meinem Buch *Wie oben, so unten* spreche ich über die hermetischen Lehren, bei denen Gegensätze wie die zwei Seiten einer Münze betrachtet werden. Zum Beispiel befinden sich die Worte »heiß« und »kalt« jeweils am anderen Ende des Spektrums »Temperatur«. Was bedeutet, dass die beiden Begriffe verwandt sind.

In gleicher Weise beziehen sich Antonyme auf dasselbe zugrunde liegende Thema. Wie bereits an früherer Stelle erwähnt, gibt es immer eine positive und eine negative Möglichkeit, das gleiche Gefühl auszudrücken. Mit dem Unterschied, dass positive Worte eine höhere Energie aufweisen und das Gefühl um ein Vielfaches angenehmer machen.

Manche benutzen absichtlich angstbasierte Worte, um Angst oder Schuldgefühle hervorzurufen, andere zu manipulieren oder ihre eigenen Handlungen zu rechtfertigen. Indem Sie sensitiver werden für den Unterschied zwischen Worten mit hoher und niedriger Energie, können Sie schneller solche Taktiken erkennen, ihnen widerstehen und sie vermeiden. Das Gesetz der Anziehung sorgt dafür, dass Sie umso mehr hochenergetische, positive Beziehungen und Situationen *anziehen*, je mehr Sie hochenergetische, positive Worte benutzen.

GEGENSÄTZLICHE WORTPAARE (POSITIV/NEGATIV)

AKZEPTIEREND   VERURTEILEND

Gegenüberstellung von Worten mit hoher und niedriger Energie

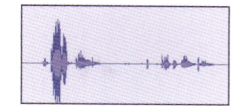

ANNEHMEN ZUPACKEN

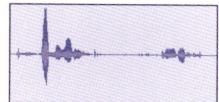

AUFMERKSAM RÜPELHAFT

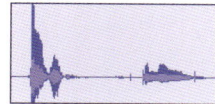

BAUEN ZERSTÖREN

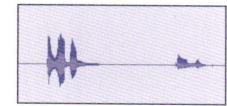

BERUFSTÄTIG ARBEITSLOS

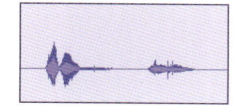

BESCHÜTZEN BESITZEN

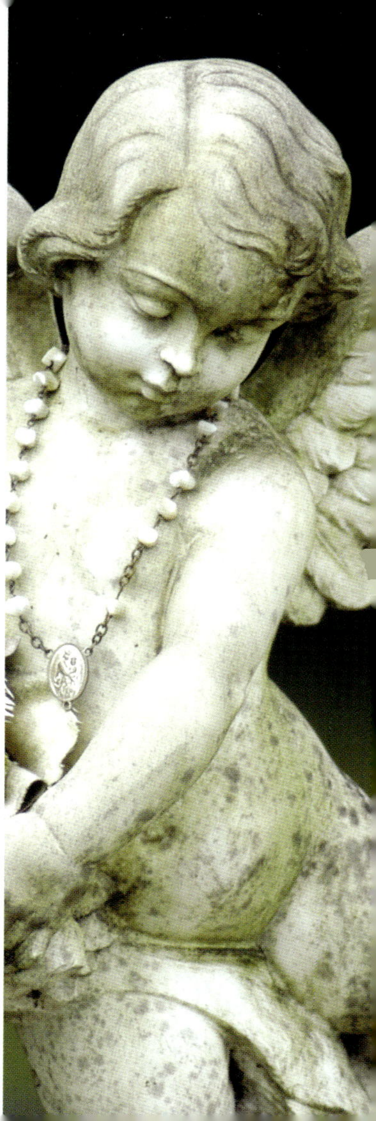

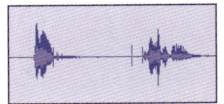

BESTÄNDIGKEIT   DRAMA

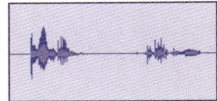

BEWUNDERUNG   EIFERSUCHT

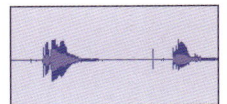

BIODYNAMISCH   PESTIZIDE

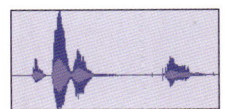

BITTEN   FORDERN

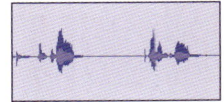

EHRLICHKEIT   BETRUG

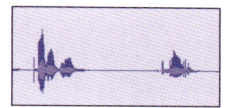

ENERGIE   MÜDIGKEIT

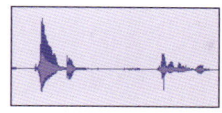

ERSPARNISSE   SCHULDEN

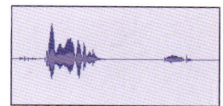

FREUNDE   FEINDE

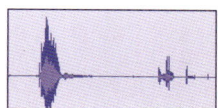

FRIEDEN   KRIEG

GANZ   KAPUTT

ENGEL WORTE

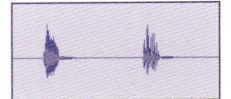

GEBEN   NEHMEN

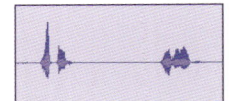

GEEHRT   BESCHÄMT

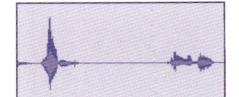

GEHEN   STOPPEN

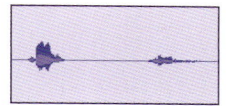

GELIEBT   EINSAM

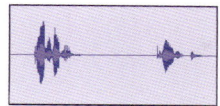

GESUNDHEIT   KRANKHEIT

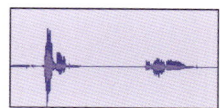

GEWINNEN   VERLIEREN

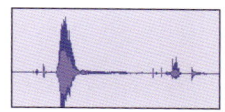

GLÜCKLICH   TRAURIG

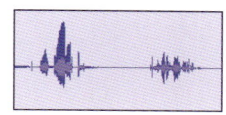

GROSSZÜGIGKEIT   GIER

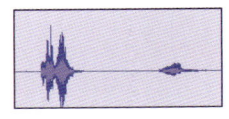

GUT   SCHLECHT

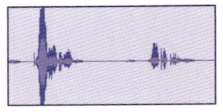

HELD   VERBRECHER

LIEBE   HASS

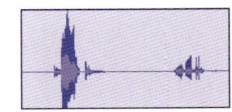

LÖSUNG   PROBLEM

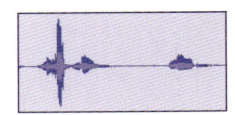

POSITIV   NEGATIV

Gegenüberstellung von Worten mit hoher und niedriger Energie

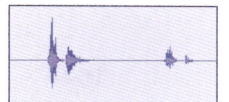

REICH   BANKROTT

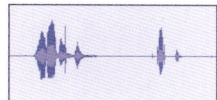

REIN   UNREIN

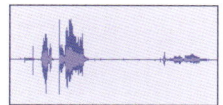

RUHIG   SEI STILL!

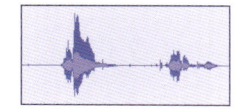

SAUBER   SCHMUTZIG

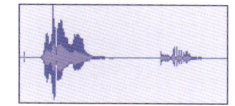

SEGEN   WUT

SICHER   ANGST

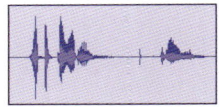

SOLARENERGIE   KOHLE

TEILEN   EGOISTISCH

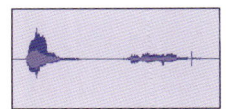

ÜPPIG   KARG

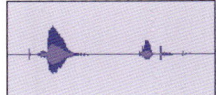

VORSICHTIG   UNVORSICHTIG

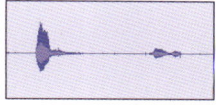

WARM   EISKALT

Dank der höheren Vibration positiver Worte ist es tatsächlich energetisierend, sie zu sagen, zu schreiben und zu denken! Wenn Sie Ihre Energie erhöhen wollen, sorgen Sie dafür, im Laufe des Tages so oft wie möglich positive Worte und Sätze zu sagen.

Höhere Energie führt zu einer schnelleren Manifestation Ihrer Intentionen und Ziele. Sie verleiht nicht nur allem, was Sie tun, mehr Feuer und Kraft, sondern schenkt Ihnen jeden Tag mehr nutzbare Zeit, weil Sie mehr Energie haben und dadurch mehr erledigen können.

Positive Worte sind jederzeit frei und kostenlos verfügbar. Es ist einfach *sinnvoll*, sie zu benutzen!

NACHWORT

»Worte sind die Stimme des Herzens.«

KONFUZIUS

Der spirituelle Text *Ein Kurs in Wundern* sagt, dass das Ego (der angst-basierte Teil Ihres Geistes) Spiritualität kompliziert und exotisch machen und uns einreden möchte, dass sie immer ein wenig außerhalb unserer Reichweite liegt. In Wahrheit ist es jedoch ganz einfach, Frieden zu erlangen, heißt es in *Ein Kurs in Wundern*. Es geht darum, sich für Liebe anstatt Angst zu entscheiden – eine Entscheidung, die auf Ihrer Bereitschaft basiert, Liebe in Ihr Leben zu lassen.

Zu dieser Entscheidung gehört, dass Sie dafür sorgen, Ihre Gedanken positiver zu gestalten. Was genau *sind* eigentlich Worte? Nun, dazu ge-hört alles, was Sie sich selbst sagen und was Sie denken, wenn Sie jemanden sehen oder hören bzw. in jeder Situation, in der Sie sich befinden. Es ist tatsächlich so einfach.

Doch wie ich bereits erwähnt habe, möchte unser Ego, der niedere Teil unseres Selbst, Spiritualität kompliziert und unerreichbar machen. Das Ego will, dass wir leiden und unüberwindliche Berge erklimmen, um Erleuchtung zu erlangen – wobei es in Wahrheit nur darum geht, unser Vokabular positiver zu gestalten, wie Monique Jean entdeckte.

Obwohl Monique sich mehr als zehn Jahre lang mit Metaphysik beschäftigt hatte, redete sie sich weiterhin ein, dass sie nicht genug darüber wüsste, nicht schnell genug vorankam, nicht spirituell genug war, nicht hellsichtig genug war und so weiter. Als ihr klar wurde, dass sie sich mit diesen negativen inneren Dialogen selbst blockierte, traf sie die bewusste Entscheidung, ab sofort positivere Worte zu benutzen.

Also sagte sie von nun an: »Ich bin hellsichtig. Ich bin kompetent. Ich habe Talent.« Sofort begann sie, sich furchtlos und innerlich entspannt zu fühlen, und war davon überzeugt, alles tun und realisieren zu können, was ihr vorschwebte. Monique hatte durch diese positiven Äußerungen Kraft und Selbstvertrauen gewonnen! Heute hat sie eine erfolgreiche neue Karriere, sie schreibt, heilt und lehrt. Ideen, Führung und Inspiration fliegen ihr heute viel leichter und schneller zu, und ihre Intentionen manifestieren sich im Handumdrehen … alles dank ihrer Entscheidung, positive Worte zu benutzen!

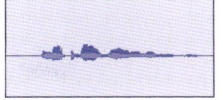 

Als Monique affirmierte, dass sie nicht gut genug war, indem sie sagte:
»Ich bin nicht hellsichtig genug«, und: »Ich weiß nicht genug über Spiritualität«,
war sie ständig blockiert.

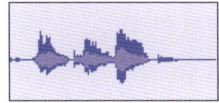 

Nach Moniques Entscheidung, bezüglich ihrer eigenen Person nur positive Worte zu
benutzen, präsentierten sich ihr viele wunderbare Gelegenheiten. Ihre positiven
Affirmationen lauten »Ich bin hellsichtig«, »Ich bin kompetent« und »Ich habe Talent«.

LÖSCHEN, KLÄREN, TILGEN

Meine Freunde, Familie und ich unterstützen einander in unserer kollektiven Entscheidung, positive Worte zu benutzen. Wir wissen, dass negative Worte und Äußerungen zu negativen Erfahrungen führen können. Doch selbst dem gewissenhaftesten Menschen unterläuft gelegentlich ein Fehler. Um die Wirkungen negativer Worte aufzuheben, können Sie sagen oder denken: »Löschen, klären, tilgen«, so als würden Sie einen Computer neu programmieren.

Wir tun dies füreinander, wenn einer von uns sich nicht bewusst ist, dass er eine negative Affirmation benutzt. Das Gleiche gilt bei Klagen oder Beschwerden. Wenn jemand in unserer Gruppe etwas sagt wie: »Ich ziehe immer bedürftige Leute in mein Leben«, wird der Rest von uns sagen: »In der Vergangenheit!« Wir helfen einander zu erkennen, dass ein Muster aus der Vergangenheit sich nicht in der Gegenwart oder Zukunft fortsetzen muss. Wenn wir die Art und Weise verändern, in der wir unsere Muster beschreiben, gewinnen wir neue Kraft und Selbstvertrauen!

Darüber hinaus bedienen wir uns des sogenannten »Hexenbesens« (bei Frauen) oder »Hexerbesens« (bei Männern), um die Energie negativer Worte zu beseitigen. Was einfach nur bedeutet, mit der Hand zu wedeln, so als würden Sie etwas verscheuchen.

Außerdem liebe ich Louise Hays Affirmation: »Das mag für dich stimmen, aber für mich stimmt es nicht«, die sie immer dann im Stillen denkt, wenn sie jemandem begegnet, der sich negativ äußert. Diese Affirmation hat eine schützende und »reversible« Wirkung.

Um beim Thema »Schutz« zu bleiben: Wenn Sie in einer Situation sind, in der harsche Energie herrscht (wie zum Beispiel Konkurrenzverhalten oder Streiten), vergessen Sie nicht, Erzengel Michael herbeizurufen, damit er Sie mit seinem violettblauen Licht umgibt. Nur Liebe kann dieses schützende Licht durchdringen.

Hoffentlich werden Sie sich selbst durch Ihre positive Denk- und Sprechweise die Kraft geben, Menschen aus dem Weg zu gehen, die sich chronisch auf negative Weise äußern. Sie müssen nicht in toxischen Energien waten! Bitten Sie Ihren Schöpfer, Ihr höheres Selbst und die Engel um Schutz und Führung, damit Sie Ihr Leben so gestalten können, dass Sie von den liebevollsten und höchsten Energien umgeben sind. Sie können es!

POSITIVE WORTE FÜR DIE ERDE

Wie Sie in diesem Buch gesehen haben, kann die Wahl Ihrer Worte Ihr Leben auf wunderbare Weise verändern. Darüber hinaus können positive Worte anderen Menschen helfen … und der ganzen Welt!

Bitte erinnern Sie sich immer daran, positive Worte zu benutzen, wenn Sie die Welt beschreiben. Verwenden Sie Worte, die das ausdrücken, was Sie sich wünschen – und nicht Angst, Verzweiflung oder Untergang. Die Erde reagiert, genau wie Menschen, auf Energien. Mit positiven Worten und Sätzen erhöhen Sie diese Energie.

Zum Beispiel haben Äußerungen wie »Die Menschen haben die Umwelt ruiniert« eine niedrige Energie, wie diese Grafik zeigt:

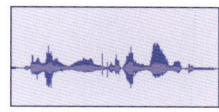

Dies ist die grafische Darstellung der negativen Affirmation
»Die Menschen haben die Umwelt ruiniert«. Sie zeigt ihre geringe Energie.

Stattdessen affirmieren Sie Ihren Wunsch für die Erde, wie zum Beispiel »Unsere Umwelt ist gesund«, wie in dieser Grafik zu sehen:

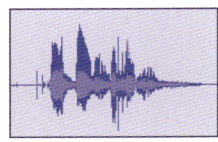

*Die positive Affirmation »Unsere Umwelt ist gesund«
beschenkt die Erde mit hoher Energie.*

Natürlich werden Sie Ihren positiven Affirmationen umweltfreundliche Taten folgen lassen wollen, indem Sie zum Beispiel recyclen und Reinigungsmittel benutzen, welche die Umwelt nicht belasten.

Das Gleiche gilt für Äußerungen bezüglich der ökonomischen Situation auf der Welt. Hier sehen Sie, wie sich die negative Affirmation »Wir befinden uns in einer Rezession« grafisch darstellt:

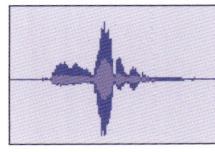

*Der Satz »Wir befinden uns in einer Rezession« schickt niedrige Energien in die
Welt und wirkt sich negativ auf Ihre persönliche »Ökonomie« aus.*

Ein anderer Satz, der sich negativ auf den Cashflow auswirkt, lautet: »In dieser schlechten wirtschaftlichen Lage …« Ich habe viele Unternehmer gehört, die ihre Äußerungen mit diesen Worten beginnen, die – wie die Grafik zeigt – von geringer Energie sind:

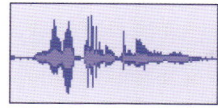

Sätze mit den Worten »In dieser schlechten wirtschaftlichen Lage …«
zu beginnen, kann Ihren persönlichen Cashflow blockieren.

Sie können sowohl Ihre eigene Ökonomie stimulieren als auch anderen helfen, indem Sie affirmieren: »Es gibt reichliche Fülle für jeden« – ein Satz, dessen hohe Energie in dieser Grafik sichtbar wird:

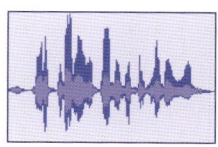

Die Affirmation »Es gibt reichliche Fülle für jeden« ist eine hochenergetische
Möglichkeit, Ihre eigene wirtschaftliche Situation in Schwung zu bringen.

Eine andere positive Affirmation lautet: »Hier ist die Ökonomie gesund.« Auch sie weist eine hohe Energie und Magnetismus auf, wie diese Grafik illustriert:

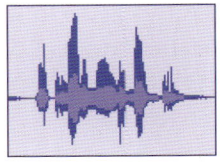

*Die Äußerung »Hier ist die wirtschaftliche Situation stabil«
besitzt eine hohe Energie, die Fülle anzieht.*

Seien Sie ebenso aufmerksam bei negativen Weltuntergangskommentaren. Solche Kommentare haben eine niedrige Energie, wie die Grafik zeigt:

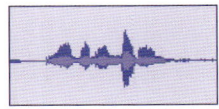

Negative Weltuntergangskommentare helfen niemandem.

Um sich und dem Planeten *wirklich* zu helfen, benutzen Sie positive Worte wie diese hochenergetische Affirmation: »Unser Planet ist ein unvergängliches Geschenk Gottes.« Diese Deklaration ist heilend, hilfreich und entspricht spirituell den Tatsachen.

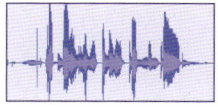

Zu sagen, zu schreiben oder zu denken: »Unser Planet ist ein unvergängliches Geschenk Gottes«, sendet hohe Energie in die Welt hinaus.

Viele Menschen fragen mich, was sie tun können, um sich und dem Planeten zu helfen. Mit positiven Worten haben Sie das ultimative Werkzeug sprichwörtlich auf Ihrer Zungenspitze. Gemeinsam können wir alle Kraft schenkende und heilende Worte sagen, die uns bei unserer kollektiven Mission für einen friedlichen, gesunden Planeten der Fülle und Liebe unterstützen.

Es geht immer nur um eins – die höchste Energie von allem, was existiert – *Liebe.*

QUELLENNACHWEISE

Chladni, E.: Discoveries in the Theory of Sounds (*Entdeckungen über die Theorie des Klanges*), 1787. 209: Kessinger Publishing.

Deeprose, C., et al.: *Unconscious learning during surgery with propofol anaesthesia.* British Journal of Anaesthesia, 2004; Vol. 92, Nr. 2; Seiten 171–177.

Handwerker, W. Penn: *Childhood Origins of Depression.* Journal of Women's Health, 1999; Vol. 8, Nr. 1.

Hazlett, E.A.: *Exaggerated affect-modulated startle during unpleasant stimuli in borderline personality disorder.* Biol. Psychiatry, 1. August 2007; 62(3): Seiten 250–255.

Miyake, Y. et al.: *Neural processing of negative word stimuli concerning body image in patients with eating disorders:* eine fMRI-Studie. Neuroimage, 15. April 2010; 50(3): Seiten 1333–1339.

Nasrallah, M., Carmel, D. Lavie, N.: *Murder, she wrote: Enhanced sensitivity to negative word valence.* Emotion, Oktober 2009; 9(5): Seiten 609–618.

Richter, M.; Eck, J.; Straube, T.; Miltner, W.H.R.; Weiss, T.: *Do words hurt? Brain activation during explicit and implicit processing of pain words.* Pain, 2010; 148(2): Seiten 198–205.

Shirao, N. et al.: *Gender differences in brain activity toward unpleasant linguistic stimuli concerning interpersonal relationships:* an fMI study. European Archives of Psychiatry and Clinical Neuroscience; 2005, Vol. 255, Nr. 5.

Shirao, N. et al.: *Temporomesial activation in young females associated with unpleasant words concerning body image.* Neuropsychobiology, 2003; 48: Seiten 136–142.

Wang, F. et al.: *Negative words on surgical wards result in therapeutic failure of patient-controlled analgesia and further release of cortisol after abdominal surgeries.* Minerva Anestesiol, Juli–August 2008; 74(7–8): Seiten 353–365.

ÜBER DIE AUTOREN

Doreen Virtue ist Psychologin und Familientherapeutin. Sie stammt aus einer hellsichtig begabten Familie und nutzte schon als Kind ihren »sechsten Sinn« zur Kommunikation mit dem Reich der Engel.

Doreen hat schon zuvor über die Macht der Worte geschrieben – in ihrem Buch *Wie oben, so unten – die sieben Gesetze des Lebens.*

Sie ist ebenfalls Autorin der Bestseller: *Engel-Gespräche, Neue Engel-Gespräche* und *Erzengel und wie man sie ruft.* Ihre Bücher und Orakelkarten sind in den meisten Sprachen überall auf der Welt erhältlich.

Doreen Virtue lebt in Kalifornien und gibt weltweit regelmäßig Workshops, in denen sie ihre Engel-Therapie unterrichtet. Weitere Informationen erhalten Sie unter www.AngelTherapy.com.

Grant Virtue ist Doreens Sohn, ein Metaphysiker der fünften Generation – sowie Co-Autor des *Angel Blessings Candle Kit*. Grant hat sich während seines Lebens umfassend mit Kerzenmagie und Musiktheorie beschäftigt. Er ist nicht nur Buchautor, sondern auch *Leiter der Bildungsabteilung der Angel University*. Außerdem spielt und veröffentlicht Grant Meditationsmusik.

Weitere Informationen erhalten sie unter www.AngelUniversity.com.

VON DOREEN VIRTUE SIND IN UNSEREM HAUSE ERSCHIENEN

Der Tempel der Engel
Medizin der Engel
Erzengel und wie man sie ruft
Botschaft der Engel
Die Zahlen der Engel
Die Heilkraft der Engel
Die Heilkraft der Feen
Engel Gespräche
Neue Engel-Gespräche
Engel der Erde
Dein Leben im Licht
Das Heilgeheimnis der Engel
Zeit-Therapie
Kristall-Therapie
Engel-Hilfe für jeden Tag
Die neuen Engel der Erde
Der Hunger nach Liebe

Meditationen zur Engel-Therapie (CD)
Rückführung mit den Engeln (CD)
Erzengel Michael (CD)

Von Doreen Virtue sind in unserem Hause erschienen

Das Geschenk der Engel (CD)
Medizin der Engel (CD)
Die Engel von Atlantis (CD)
Die Engel der Liebe (CD)
Heilkraft der Engel (CD)
Himmlische Helfer (CD)
Heilgeheimnis der Engel (CD)

Das Lebensorakel der Engel (Kartendeck)
Das Engel-Therapie-Orakel (Kartendeck)
Das Engel-Orakel für jeden Tag (Kartendeck)
Das Heil-Orakel der Feen (Kartendeck)
Das Erzengel-Orakel (Kartendeck)
Das Erzengel Michael-Orakel (Kartendeck)
Das Heil-Orakel der Engel (Kartendeck)
Das Orakel der himmlischen Helfer (Kartendeck)
Das Einhorn Orakel (Kartendeck)
Magisches Orakel der Feen (Kartendeck)

Angel Reading (DVD)

Im Dialog mit der Seele

HORST KROHNE
Geistheilung
Dialog mit der Seele
Geb. € [D] 18,00
€ [A] 18,50, sFr 32,90
ISBN 978-3-7934-2186-3

Horst Krohne fragt nicht, warum wir krank werden, sondern wie wir gesund werden können. Das von ihm in diesem Buch dargelegte Prinzip der Geistheilung beruht auf der Vorstellung, dass durch geistige Beeinflussung und Unterstützung der Patient sein körpereigenes Energiefeld wieder in den gesunden Urzustand zurück versetzen kann. Im Mittelpunkt stehen dabei Krohnes Erfahrungen mit dem Chakra-System, zu dem er in diesem Buch die erstaunlichen Behandlungsergebnisse der letzten fünf Jahre verarbeitet.

Die Selbstanwendung der Energetischen Medizin

UWE ALBRECHT
Heilapotheke
Werde Dein eigener Heiler
316 Karten,
€ [D] 29,99
€ [A] 30,90, sFr 49,90
ISBN 978-3-7934-2212-9

Inner Wise® ist ein einzigartiges neues System der energetischen Medizin, das hilft, die richtige Energie zur energetischen Balancierung zu finden und für den Selbstheilungsprozess zu aktivieren. Mit Hilfe der unter Anleitung der Testkarten gezogenen Heilsinfonie-Kärtchen lässt sich über einen Nummern-Code im Begleitbuch eine bestimmte Heilenergie finden. Diese Energie wird auf das beiliegende Amulett übertragen und entfaltet von dort im Sinne der energetischen Medizin ihre Wirkung. Das Amulett hat keine »magische« Bedeutung, sondern ist ein autosuggestiver Anker, wie er in verschiedenen Therapien Anwendung findet.